A IMAGEM QUE O CIGARRO LHE DEU

Luciana Carlos Gomes

A IMAGEM QUE O CIGARRO LHE DEU

A HISTÓRIA DE JOSÉ CARLOS GOMES, MEU PAI, CONSUMIDO PELO VÍCIO

1ª edição

EDITORA RECORD
RIO DE JANEIRO • SÃO PAULO
2013

CIP-BRASIL. CATALOGAÇÃO NA FONTE
SINDICATO NACIONAL DOS EDITORES DE LIVROS, RJ

G615i Gomes, Luciana Carlos
A imagem que o cigarro lhe deu: a história de José Carlos Gomes, meu pai, consumido pelo vício/ Luciana Carlos Gomes. – Rio de Janeiro: Record, 2013.

ISBN 978-85-01-40209-7

1. Gomes, José Carlos. 2. Jornalistas – Brasil – Biografia. 3. Cigarros – Vício. I. Título.

13-1477
CDD: 920.5
CDU: 929:070

Copyright © Luciana Carlos Gomes, 2013

Todos os direitos reservados. Proibida a reprodução, armazenamento ou transmissão de partes deste livro através de quaisquer meios, sem prévia autorização por escrito.Proibida a venda desta edição em Portugal e resto da Europa.

Texto revisado segundo o novo Acordo Ortográfico da Língua Portuguesa.

Direitos exclusivos de publicação em língua portuguesa para o Brasil adquiridos pela
EDITORA RECORD LTDA.
Rua Argentina, 171 – 20921-380 – Rio de Janeiro, RJ – Tel.: 2585-2000
que se reserva a propriedade literária desta tradução

Impresso no Brasil

ISBN 978-85-01-40209-7

Seja um leitor preferencial Record.
Cadastre-se e receba informações sobre nossos lançamentos e nossas promoções.

EDITORA AFILIADA

Atendimento direto ao leitor:
mdireto@record.com.br ou (21) 2585-2002.

Dedico este livro ao meu pai, José Carlos; à minha mãe, Vanderci, e a todos aqueles que me ajudaram a tornar este sonho uma realidade.
Com amor e persistência, consegui vencer as barreiras que se interpunham, consciente de buscar em cada linha a emoção que senti ao transpor cada uma delas.
Meu pai brilhou como uma estrela de luz intensa. Luz que iluminou meus caminhos e me deu forças para empreender esta e outras jornadas. Lutou para que essa luz nunca se apagasse e, como uma estrela cadente, partiu sem deixar rastro. Em vez de um instante efêmero, deixou uma lição de vida.

O tempo

A vida é o dever que trouxemos para fazer em casa.
Quando se vê, já são seis horas!
Quando se vê, já é sexta-feira!
Quando se vê, já é Natal!
Quando se vê, já terminou o ano!
Quando se vê, perdemos o amor de nossa vida!
Quando se vê, passaram 50 anos!
Agora é tarde demais para ser reprovado...
Se me fosse dado um dia, uma oportunidade,
eu nem olhava o relógio.

Mário Quintana

Sumário

Um presente de Deus   11
A infância   17
Orquima, o primeiro passo   37
Sucesso a galope — os anos dourados   45
A primeira paixão e o fim de um sonho   59
Anjos existem   67
Até as pedras se encontram   83
Cigarro e álcool, os inimigos inseparáveis   89
A doença avassaladora   93
José Carlos Gomes na campanha contra o fumo   117
Outubro de 2000 — o fim da linha   123
Nem tudo que reluz é ouro   133

Apêndice   137
Agradecimentos   155

Um presente de Deus

Em 2000, último ano de um século que sobreviveu a duas guerras mundiais e tremendas mudanças políticas e sociais, vivíamos o último capítulo de nossa tragédia familiar. Morávamos em São Paulo, para onde meu pai, vindo do Rio de Janeiro, se transferira na década de 1970, em busca de trabalho. Ali, refaria a carreira e constituiria família.

Naquela manhã fria e chuvosa do início de maio, a vida em casa seguia sua rotina quando o telefone da sala tocou. Imobilizado numa cadeira de rodas em outro cômodo, meu pai gritou, impaciente, para que alguém atendesse. Em situações como essa, demonstrava nervosismo e irritação, e sua face se transfigurava completamente. Era assim que extravasava inconformismo e revolta diante do infortúnio que a vida lhe reservara, tornando-o dependente de terceiros para os mínimos atos.

Do outro lado da linha, Helena, assessora do então ministro da Saúde José Serra, fazia-lhe um convite, uma proposta tão inesperada quanto inusitada. Após alguns minutos de conversa, ante nossa crescente curiosidade, virou-se para minha mãe e disse: "Querem que eu participe de um comercial na televisão." Com um choro reprimido e a voz embargada, completou: "O Ministério da Saúde quer fazer um comercial de televisão contra o cigarro e me escolheu para ser o protagonista do filme."

Minha mãe não acreditou. No primeiro momento, ficou assustada; depois, um alívio iluminou-lhe o rosto. Às vésperas de completar 64 anos, era um presente em forma de bálsamo que, momentaneamente, o alegraria, pois o faria sentir-se útil, e amenizaria seu drama tão prolongado. Meu pai era então lembrado para expor publicamente, numa campanha educativa, seu terrível sofrimento. Sua tragédia poderia ser um alerta e um incentivo a milhares de fumantes que fatalmente caminhariam para um fim semelhante. Isto pareceu confortá-lo.

Desde algum tempo, padecia dos estragos mutiladores que o cigarro e o álcool causaram a sua saúde. E, por conta do processo que movia contra a companhia de cigarros Souza Cruz, com apoio da Associação de Defesa da Saúde do Fumante (Adesf), tornara-se o foco de seguidas reportagens. Assim, seria o personagem talhado para a campanha de combate ao fumo que o Ministério da Saúde estava prestes a lançar. Dias depois, acertados os detalhes, apareceu lá em casa a cineasta Kátia Lund, que passou as orientações necessárias à gravação do filmete, a ser feita ali mesmo.

— Dona Vanderci — explicou à minha mãe —, ele tem de decorar este texto para a filmagem.

O dia 6 de junho daquele ano marcaria para sempre a vida de meu pai. Começou às 6 horas de uma manhã fria e nublada, a casa mal acordara, quando a campainha tocou anunciando a chegada de um grupo de dez pessoas. Era a equipe de filmagem, com uma inusitada surpresa; junto com a parafernália de equipamentos, trazia uma cesta com um farto café da manhã. Minha mãe arrumou a mesa da copa e nos acomodamos para degustar aquele sortido café matinal da família.

Meu pai estava exultante, sorria o tempo todo, como se revivesse naquele ambiente de toque festivo, e, bem falante como costumava ser nos melhores momentos, bateu animado papo com todos. A equipe iniciou então a montagem do equipamento e a escolha dos pontos de locação. Logo depois, chegaram Helena e Kátia. Concluídas as últimas marcações da direção, completou-se o ritual preparatório para a gravação — posicionamento da câmara e do entrevistado, detalhes de iluminação e a maquiagem do rosto de meu pai, para eliminar o brilho da pele. Ele trajava o pijama indicado pela produção, da mesma forma que minha mãe, figurante, com um vestido discreto.

Acionada a claquete com os dizeres "Propaganda do Ministério da Saúde — Jornalista", cena 1, e à voz de "gravando" da diretora Kátia, começaram as filmagens. Foram tomadas as primeiras cenas. Numa delas, no quarto do casal, tendo ao fundo o escudo do Vasco da Gama, sua paixão, ele recebia na cama a rotineira papinha de pão que minha mãe lhe trazia todas as manhãs, como primeira refeição. Na outra, estava na sacada dos fundos da casa, onde era barbeado por minha mãe. A intenção, clara, era mostrar a extrema dependência de meu pai, provocada pela ação devastadora do cigarro.

Foi um trabalho penoso para as condições precárias dele. Cada cena, entre preparação e ação, durava às vezes horas, e muitas tiveram de ser refeitas seguidamente. Nas pausas, momentos de descontração. Ali estava um loquaz contador de histórias a falar da juventude, das proezas do jovem bem-apessoado que fora, do prestígio e da fama que o jornalismo lhe trouxe, dos salões e das festas, das viagens à Europa e dos momentos marcantes que vivera no *Correio da Manhã*, com a coluna "Teen Age", que assinava no Segundo Caderno. Falou demoradamente dos amigos, do recomeço em São Paulo, depois a tragédia, o ostracismo. Um retrospecto de vida marcado aqui e ali pela nostalgia. Havia, em sua expressão, um vago e tardio sentimento de culpa, de arrependimento por ter chegado até ali naquele estado, sem se dar conta dos sinais daquele inimigo invisível que já lhe minava o corpo havia tempo, preso agora a uma cadeira de rodas, os membros inferiores amputados e os braços imobilizados por uma atroz hemiplegia.

Depois, retornava às gravações. Numa das falas, de costas para a câmera, com minha mãe conduzindo a cadeira de rodas, dizia: "A imagem do cigarro sempre me atraiu, achava elegante, charmoso, sedutor." Depois, mamãe voltava a cadeira de rodas para a câmera, e a figura de meu pai era chocante: "Hoje, é essa a imagem que o cigarro me deu." Na edição, entre uma cena e outra, foi intercalada uma sequência de fotos de sua juventude, saudável, bonito.

Iniciadas de manhã, as gravações foram encerradas por volta das 19 horas, com um intervalo para o almoço. O cansaço era visível. A equipe se foi, e apenas Katia ficou por alguns minutos.

— Parabéns, Zé Carlos. Você conseguiu. Te ligo avisando quando irá ao ar.

A infância

A vida de meu pai teve um início e um fim marcados pela tragédia, a começar por sua verdadeira origem. Sobre seu nascimento correm, paralelas, duas versões. A que conheceu até a fase adulta, sustentada por ele até o fim, era a de que fora abandonado pela mãe biológica, a quem, na verdade, sempre se recusou a conhecer. A outra, a de um irmão mais velho, Fernando Rangel, que só veio a descobrir na maturidade, com 40 anos de idade, segundo a qual teria sido entregue a um casal, para adoção, por alegadas dificuldades financeiras da mãe. Vamos nos deter à versão transmitida pela mãe adotiva. Meu pai nunca aceitou a do irmão Fernando, que o encontrou depois de exaustivas buscas, dificultadas pelo sobrenome diferente anotado nos dois registros de nascimento.

Salvo por acaso, ainda com poucas horas de vida, ele foi encontrado em condições dramáticas, no dia 18 de junho de 1936, em Campos dos Goytacazes, no Norte fluminense, e passou parte da infância acolhido numa instituição de menores. A região, a 275 quilômetros do Rio de Janeiro, vivia a decadência do período áureo do ciclo do açúcar. Bem diferente da cidade trepidante que se tornaria na atualidade, com o advento do petróleo na plataforma marítima da região — o mais importante polo petrolífero do país. O Brasil estava à beira de uma revolução. Getúlio Vargas, no poder desde 1930, decretou, em 1937, o Estado Novo, promulgando uma nova Constituição. Impôs censura à imprensa, fechou o Congresso e governou o país ditatorialmente até 1945.

Nada que perturbasse a paz e a tranquilidade daquela gente de vida simples e hábitos pacatos de Campos dos Goytacazes. Todos se conheciam e se consideravam uma grande família. Nos fins de tarde, os moradores iam à pracinha central para encontrar amigos e pôr a conversa em dia. A monotonia só era quebrada quando o trem, que cruzava a cidade em horários irregulares, duas a três vezes por dia, surgia no horizonte como um bólido. O som estridente do apito rasgando o ar e o matraquear das rodas engolindo os trilhos reboavam como trovão no interior das casas. Tudo tremia. Mas ninguém se incomodava.

Naquele início de tarde, o segundo trem ainda não passara. Longe dali, numa rua perdida no mapa, algumas pessoas paradas diante da casa modesta tentavam em vão arrancar uma resposta de Rita Rangel, uma mulher solitária, que trabalhava em casas de família para sustentar o filho Fernando, de 4 anos.

— Rita, cadê o bebê? — perguntaram ansiosos. Todos queriam saber o que acontecera àquela vida em gestação, que ainda na véspera carregava no ventre volumoso. Seu silêncio era perturbador e, mesmo pressionada por uma torrente de perguntas, permaneceu calada. Uma sombra de amargura anuviava seu rosto. Nasceu com algum problema? Está internado? Foi raptado? Onde está? Diga alguma coisa. E nada de Rita revelar o que ocorrera ao bebê. A notícia logo se espalhou pela vizinhança, e mil especulações voaram pelo lugar. A curiosidade geral, no entanto, logo perdeu força e tudo voltou à normalidade. Rita, por sua vez, especialmente comedida, isolou-se em seu mutismo e passou a andar cabisbaixa, mal respondendo aos cumprimentos dos vizinhos.

Na noite anterior, num ponto distante dali, uma história surpreendente começara a ser escrita. Durante o dia, Maria de Lourdes Gomes cumpriu sua rotina diária como cozinheira numa residência familiar. Não tinha hora certa para voltar. Em casa, ainda teria de dar conta dos afazeres domésticos. Casada com o taxista Lincoln da Costa Gomes, coincidia às vezes de regressarem os dois juntos. Naquele dia, porém, Maria de Lourdes saiu mais cedo. Vinha cansada depois de um dia inteiro na cozinha, mas ainda com forças para pôr a casa em ordem e preparar o jantar de Lincoln. Ele apareceu pouco depois, "muito cansado", disse, em seguida beijou a mulher e foi preparar seu banho. Durante o jantar, falaram sobre a jornada de cada um, e ela comentou "um pressentimento" que a perseguira o dia inteiro, algo dramático que aconteceria, enquanto Lincoln procurou acalmá-la. Afinal, conhecia suas suscetibilidades a essas cismas.

A noite era convidativa. Saíram para uma pequena caminhada, em direção à linha férrea, na expectativa de ver o comboio que ainda passaria. Andavam agora ao lado dos trilhos, papo animado e assuntos corriqueiros, quando Maria de Lourdes interrompeu o marido bruscamente:

— Pare de falar, homem. Não escutou um choro?

Por alguns segundos permaneceram calados, perscrutando o silêncio. E o que se percebeu a seguir foi apenas o mutismo daquela noite de junho, no esplendor de uma lua cheia, como que em repouso para sorver o matraquear do trem que passaria pouco depois.

— Parece tão perto da gente — insistiu. Lincoln ouviu tudo calado.

Não deram dois passos quando a mulher, estarrecida, correndo para os trilhos, gritou:

— Meu Deus, Lincoln, veja... é um bebê.

Sim, era um bebê, que a claridade do luar desnudou diante daqueles olhos estarrecidos. Estava embrulhado num pano sujo, mexendo-se desordenadamente em sinal de grande desconforto. Parecia ter apenas horas de vida. Ouviram-se gemidos fraquinhos, os dois ficaram momentaneamente paralisados, e Maria de Lourdes logo avançou para recolhê-lo.

— Deus do céu, quem faria uma crueldade assim, deixar uma criaturinha indefesa no meio dos trilhos? — perguntou. — Vamos levá-lo logo para casa, Lincoln, antes que o trem passe.

De volta, mal abriram a porta de casa e o barulho ensurdecedor do trem rasgou o silêncio da noite, engolindo todo o espaço que se perdia na imensidão do horizonte. A noite pareceu maior. Plena. Eles se olharam, assustados e aliviados por terem recolhido o bebê a tempo; alegres, mas cautelosos, sem saber como nem por onde começar. Nunca tiveram filhos, e agora teriam de dar o primeiro passo de um longo aprendizado, e com a urgência que o momento exigia, algo impenetrável como os humores e os temores, as tempestades e as bonanças da maternidade.

Diante daquela inusitada descoberta, como num filme, em suas cabeças superpunham-se ideias difusas e sentimentos impactantes. Desenrolando aquela frágil criatura dos panos ainda sujos de sangue, Maria de Lourdes o limpou com cuidado. Só então o bebê chorou, um choro forte e franco, como aquele que o recém-nascido emite quando expulso do hábitat morno e aconchegante do ventre materno para o agressivo mundo exterior. O leite, as fraldas, as roupinhas, os produtos de higiene, o berço — onde buscar, àquela hora, o arsenal necessário de utilidades? E, com os dois trabalhando, quem cuidaria do menino? O que fazer com aquele achado? Comunicar à polícia? Procurar a mãe desnaturada? E o que dizer aos vizinhos? — perguntaram-se os dois.

Vencer os primeiros obstáculos parecia tarefa impossível. Mas, naquela primeira noite, com carinho e entrega total, safando-se como puderam, conseguiram superar o desafio inicial. Quando o dia amanheceu, ouviu-se de novo o choro; a casa iniciava uma rotina diferente. Parecia banhada numa luz mágica. Lincoln deteve-se alguns segundos diante do bebê, que estava mais confortável, e seguiu para mais uma jornada no trânsito. E Maria de Lourdes, com o bebê alimentado à base de leite em pó infantil, que o marido buscara antes na farmácia, saiu para enfrentar mais um dia entre o fogão e as panelas. Imaginou, no caminho, como se portar diante dos patrões. Os fados estavam a seu favor; a estrela do bebê parecia brilhar. Informou o ocorrido à patroa, surpresa com o incrível achado, e pediu para deixá-lo ficar com ela no trabalho. Nenhuma objeção. Foi até apoiada em seu gesto humanitário.

A patroa apenas se interessou em saber o que, a partir dali, pretendia fazer.

Maria de Lourdes não sabia. Afinal, quem seria a mãe dessa criança abandonada criminosamente nos trilhos da linha férrea? E o pai? Nada mais importava. Já tinha se afeiçoado ao bebê. Ela e Lincoln decidiram ignorá-los. Mesmo sabendo dos riscos legais, decidiram também não comunicar o fato à polícia. Seria um segredo que preservariam da curiosidade alheia. Assumiriam oficialmente a paternidade do menino. Assim, com data de 18 de junho de 1936, o cartório da cidade emitia o registro de nascimento de José Carlos Gomes, filho de Maria de Lourdes e Lincoln da Costa Gomes. Além de um lar, o menino rejeitado agora tinha nome e pais de verdade. E seria tão amado quanto um verdadeiro filho de sangue.

Os hábitos mudaram. A responsabilidade do casal agora era tão grande ou maior do que o sonho de criar uma criança desconhecida, que logo lhes despertou o amor paternal. Os primeiros tempos foram difíceis. E árduo o dia a dia. Foi preciso adaptar a criança à rotina da casa e do trabalho e vice-versa. Também eles tinham que se amoldar à nova realidade. Ambos saíam cedo para o batente. Maria de Lourdes arrumava o bebê e o levava consigo. Era complicado ajustar a tarefa de mãe com a de cozinheira, que tinha de cumprir uma exigente jornada. Até nisso a patroa foi generosa. Arranjou-lhe uma ajudante, para que pudesse melhor cuidar do bebê. Para Lincoln tampouco foi fácil. Com as responsabilidades de pai, cresciam também suas obrigações domésticas. O orçamento era magro, e agora impunha mais reforços. E sempre que podia, aliviava a carga da mulher, cuidando da criança em casa.

Lincoln mostrou-se desde cedo um pai atencioso, que acompanhava de perto a evolução do menino — que crescia saudável, curioso por tudo que o cercava. Quando o tempo chegou, passou a levá-lo nas rápidas idas à padaria, ao campinho de futebol, aos brinquedos do parquinho da praça, disputando com ele as peladas da garotada.

Da Rita Rangel grávida, que da noite para o dia surgira de barriga vazia, nada de concreto se ouvira mais. Mudara-se da rua com o filho de 4 anos, pouco "depois de ter passado alguns dias no hospital", segundo relato de vizinhos. Outros arriscavam palpites: mudara-se para Petrópolis, na região serrana do Rio de Janeiro; e havia ainda os que diziam que estava na então capital federal, onde conseguira um emprego. Nada certo. Possivelmente, partiu sem saber — ou procurar saber — que, na cidade, na noite de seu desatino, fora encontrado e salvo um recém-nascido nos trilhos da ferrovia.

Maria de Lourdes especulava com Lincoln. Que motivos teriam levado aquela mulher, mesmo que aparentemente castigada por uma vida de privações, a tomar tão terrível decisão? Por fim, onde andaria o pai biológico daquela criança? Perguntas que permaneceriam sepultadas no pó do esquecimento.

Naquela manhã de 1944, como de hábito, Maria de Lourdes acordou cedo, preparou o café, aprontou o menino, então com 8 anos, e foi para o trabalho. Lincoln checou os documentos do táxi e partiu para mais uma jornada. Completara duas corridas apenas e, ao atravessar uma ponte sobre o rio Paraíba, que corta a cidade, perdeu a direção do táxi e se chocou violentamente contra o muro de proteção. O impacto foi tão forte que o veículo se projetou no espaço e mergulhou com o condutor nas águas barrentas. Seu corpo nunca seria encontrado. Quebrava-se ali, de maneira brutal, um projeto de vida. (Na versão do irmão Fernando Rangel, Lincoln suicidou-se, presumivelmente premido por dificuldades financeiras.)

Foi um golpe para a nova família que, cheia de planos, embora com as dificuldades decorrentes de uma brusca mudança em sua monótona rotina, iniciava uma fase que se imaginava venturosa para todos. Aos 4 anos, José Carlos era o centro desse anseio de um futuro promissor. A morte prematura de Lincoln lançava uma nuvem escura sobre esse projeto. O fervilhar ruidoso que a casa ganhara desde aquela chegada, com os primeiros choros e falas, ficaria agora sem a voz e a presença de seu timoneiro. Para uma já desestruturada Maria de Lourdes, foi penoso falar com o menino sobre a morte do pai a quem já se sentia tão ligado.

Anos depois, sentindo-se sem condições de sustentar sozinha a nova vida, Maria de Lourdes decidiria sair de Campos e ir para o Rio de Janeiro, onde uma irmã vivia desde muitos anos, em busca — como ela, então — de melhor oportunidade. Ainda não era tudo, porém. Havia, afinal, o pequeno José Carlos, de 9 anos. Teve receios de carregá-lo assim, no escuro, naquela aventura. Assim, explicou-lhe que, obrigada pelas dificuldades surgidas após a morte de Lincoln, teria de tomar uma decisão dolorosa para si, talvez incompreensível para ele, mas necessária. Seria temporária, até se estabelecer num emprego bom, quando o viria buscar. Indicaram-lhe uma instituição de abrigo de menores em Vassouras, no Vale do Paraíba fluminense, a terra dos "barões do café" do tempo do Império. Procurou a diretoria, expôs seu problema e acertou os detalhes. Entregou o menino e partiu para o Rio de Janeiro. Fácil imaginar as sensações de abandono, insegurança, solidão e perda que o menino devia experimentar com aquela separação. Justamente numa fase tão importante de sua formação, quando a presença do pai e da mãe representa o esteio, a coesão da estabilidade familiar. Já Maria de Lourdes se sentiu dividida em duas. Queria deixar sua parte mãe prevalecer e, portanto, permanecer junto ao filho; ao mesmo tempo, tinha de ser a mulher prática, que precisava de uma saída segura para garantir sua sobrevivência e a do filho.

Na capital federal, em meados dos anos 1940, no auge da ditadura Vargas, Maria de Lourdes conheceu a agitada vida carioca e logo descobriu os obstáculos quase intransponíveis que uma provinciana do norte do estado teria de enfrentar para trabalhar. Com uma indicação da irmã, porém, que já conhecia o mercado de empregos domésticos, conseguiu, afinal, emprego de cozinheira na casa de uma tradicional família, os Vergara; ele, alto funcionário da Casa da Moeda. Do belo apartamento em Copacabana, onde residiam, Maria de Lourdes deslumbrou-se com a primeira visão panorâmica do mar, com os morros nos dois extremos da avenida Atlântica, curvando-se num bem delineado semicírculo, como num encontro interrompido. À senhora Vergara, dona Ivone, Maria de Lourdes revelaria seu drama. Não tinha onde morar e deixara um filho de 9 anos numa instituição em Vassouras. A estrela do menino continuava a brilhar. Os patrões, como ocorrera em Campos, não apenas se solidarizaram como lhe ofereceram teto. Podia trazê-lo quando quisesse.

Por cartas, Maria de Lourdes mantinha contato com José Carlos, e, pela instituição, acompanhava seu desenvolvimento. O menino era impulsivo, voluntarioso, arteiro; porém, gostava do estudo e soube enturmar-se facilmente com as outras crianças do educandário, adaptando-se bem ao novo lar. Um acidente — fratura de perna num tombo de árvore — levaria Maria de Lourdes a Vassouras, de onde voltaria para o Rio com José Carlos, decidida a não se separar mais dele. Com autorização dos patrões, morariam juntos, no emprego. José Carlos cresceu no novo ambiente, onde, desde a chegada, foi tratado com carinho. Com o tempo, parecia um membro da família. E familiar, para ele, logo se tornaria também o modo de vida dos Vergara. Conheceu os hábitos finos da casa, as boas maneiras, a elegância, o luxo, a boa mesa, o conforto e a fartura, enfim. Teve aí o aprendizado necessário para se iniciar como membro postiço de um mundo dourado, bem diferente do seu, mas que nortearia seus passos em busca da fama e do sucesso prematuramente sonhados. Com ajuda dos patrões, Maria de Lourdes matriculou José Carlos no Colégio Castro Alves, na Zona Sul, onde conheceria o futuro estilista Denner, de quem se tornou amigo. Assim, pouco demorou para se integrar à vida carioca, frequentando a praia de Copacabana e jogando vôlei e futebol de areia com os colegas da escola.

Aos 12 anos, José Carlos era um garoto saudável, feliz, bem cuidado e cercado de amigos, todos filhos de boas famílias. As marcas do passado, à primeira vista, não lhe deixaram cicatrizes. O novo emprego de Maria de Lourdes e o ambiente acolhedor que encontrou —

tudo contribuía para a vida melhor com que ela sempre sonhara. José Carlos tinha a oportunidade de conhecer não só o outro lado da vida, aquele bonito, pródigo de ofertas tentadoras e cheio de oportunidades, mas, como seria inevitável, também o lado ruim e enganoso. O Rio, capital federal de sua adolescência, ainda era a maior e a mais importante cidade brasileira, centro político e cultural, de onde emanavam as novidades e os modismos para todos os cantos do país. Com todas as atrações e tentações que uma metrópole trepidante pudesse proporcionar.

Dramas da vida muitas vezes nascem de gestos inocentes. Numa das brincadeiras com os amigos, ofereceram-lhe uma tragada de cigarro, que instintivamente recusou. Em casa, contou à mãe o ocorrido. Ela aprovou seu gesto e o incentivou a recusar sempre que lhe tentassem com este falso prazer, expondo-lhe as razões. À noite, porém, no quarto, José Carlos refletiu sobre a oferta dos colegas. Achava aquilo bacana, podia experimentar, pensou. Não teve vontade, é bem verdade, e então recusou. Foi, no entanto, ridicularizado pelos colegas. Por que não tentar, ora? Não haveria problema, e seria apenas uma experiência, nada aconteceria. "Cabeça vazia é oficina do diabo", ouvia da mãe; a tentação rondava-lhe a mente, espantando o sono. Se nada aconteceria, por que não provar? Afinal, naquele tempo, era elegante um rapaz fumar. Aquelas cenas aguçavam sua curiosidade, mexiam com sua imaginação.

Insidiosamente, nas horas vazias, o demônio incendiava sua cabeça... Nem o barrava a enorme distância social que o separava daquela turma constituída de filhos de gente rica. Que viajava para a Europa nas férias, frequentava clubes e os salões do Copacabana Palace, que os enchia de presentes no Natal e passava fins de semana e feriados em casas de campo em Petrópolis e Paquetá. Aquela convivência contagiou seus modos. Tentava provar a si mesmo que tinha condições de ser como eles. Era justo usufruir as mesmas benesses daquela posição social. Sempre escondeu sua origem, embora a mãe mostrasse que nada havia do que se envergonhar.

No íntimo, passou a ter vergonha da mãe. Vergonha da profissão dela, uma cozinheira, da pouca instrução que teve, do jeito de se vestir e falar. Nunca a apresentou a alguém e, com uma única exceção, jamais revelou sua identidade. Não foi difícil a Maria de Lourdes perceber o estranho comportamento do filho. Instintivamente, à sua maneira, percebia nisso um sinal de conflito entre a realidade do garoto e o mundo fictício que começara a construir, e no qual desejava entrar, o qual queria integrar, mesmo que pela porta dos fundos.

A primeira evidência ela teria num sábado de sol abrasador. José Carlos saíra bem cedo para se encontrar com os amigos. Aproveitando-se das folgas parciais que os patrões lhe concediam aos sábados, Maria de Lourdes também foi passear por Copacabana. Caminhou até o calçadão, à beira da praia, e qual não foi sua surpresa, agradável surpresa, ao ver que José Carlos e seu grupo vinham em sua direção. Se imaginasse o que ocorreria logo em seguida, não teria esboçado aquele largo sorriso por encontrar seu filho rodeado de adolescentes bem postos, em animado papo. Quando ele percebeu sua proximidade, fez um movimento brusco e mudou de direção, distanciando-se dos colegas, tomados de espanto com seu inesperado gesto. Fugiu do encontro para não ter que, inevitavelmente, apresentá-la aos demais. O que pensariam daquela mulher, trajando aquela roupa, falando daquele jeito?

Naquelas horas, Maria de Lourdes sentia quanto era importante a figura paterna, aquele espelho em que o filho se mira para seguir o exemplo. Diante das oportunidades excitantes que se oferecem à juventude na fase de descobertas, de mudanças físicas e psicológicas, de experiências e aventuras, decididamente, faltavam-lhe força e condições para impor limites. A impotência intelectual a imobilizava, tornando-a refém de suas próprias fraquezas. Não tinha mais a apoiá-la a energia de Lincoln, tampouco sua presença para enfrentar os contratempos e os conflitos próprios da mocidade. Dentro das circunstâncias em que assumiu sozinha o seu destino e o destino do menino, coube-lhe ocupar o posto, ser aquele espelho. Procurara suprir as carências da vida modesta com amor e entrega total, de modo que nada faltasse à formação de José Carlos.

Por isso, perguntava-se por que, tendo crescido nesse ambiente modesto, porém honrado e reto, o filho se desgarrava daquela maneira, fascinado pelo mundo novo que, de maneira ilusória, sorvia em catadupas, enquanto o anseio de fama o perseguia obsessivamente. Afinal, José Carlos carregaria por toda a vida a ausência da figura paterna, atrás daquela máscara de euforia e felicidade fugaz. Nunca se interessou em saber a identidade da mãe biológica, nem a do verdadeiro pai — posição que permaneceria inalterada mesmo quando conheceu, aos 40 anos, seu irmão Fernando Rangel. Informações de origem familiar que, registre-se, Maria de Lourdes tinha, mas que, por temor ou por considerar a natureza revoltada do filho, ocultar-lhe-ia para sempre. Esse era o ponto. Intuitivamente, detectaria aí as origens remotas do descaminho do filho.

Impulsivo, José Carlos nunca desistia de algo com que encasquetasse. Numa tarde, após mais uma partida de futebol em Copacabana, um dos amigos apareceu com um cigarro na boca. Ofereceu um trago a quem quisesse. Ainda titubeante, José Carlos desta vez embarcou naquela viagem, caminho que costuma não ter volta. De maneira precoce e avassaladora, como uma das transgressões que os adolescentes costumam praticar para se sentirem "mais homens", o cigarro passou a fazer parte de sua vida.

A natureza rebelde e revoltada de meu pai, que despontou na adolescência, tornou-se, na fase adulta, um tormento para Maria de Lourdes. Era-lhe impossível abdicar dos hábitos e costumes requintados que absorvera dos Vergara e, mais tarde, da família de seu amigo milionário Osmar Meggiolaro. Intuitivamente, captava, de forma ainda vaga, os assuntos que circulavam na casa, o mundo dos adultos, os negócios, as relações em sociedade — motivo das conversas dos membros mais velhos da casa e dos que a frequentavam. Sua mente viajava por paragens distantes, cheias de riqueza e glamour. Ainda assim, apesar da convivência e do esforço pessoal de pertencimento, era difícil, ao sair com os amigos ricos, participar e discutir certos problemas que não faziam parte de seu mundo real.

Perseguia-o — sem que pudesse entender o gesto humanitário que o salvou da morte prematura — o drama obscuro de sua origem. E nem superava aquele estado de espírito o fato de que o drama deixara de existir no momento em que fora acolhido com amor e criado como um filho pelo casal que o encontrou abandonado no leito de uma via férrea. Uma tristeza obscura marcava-lhe a expressão, tomava-lhe o rosto.

Restava saber se estava — se estaria, um dia — pronto para entender o que sua vida representaria, dali em diante, para si mesmo e para a mãe viúva.

Para ele, a maior barreira era separar da vida real a identidade que assumira; era conciliá-la com a realidade do dia a dia. À noite, no quarto, repassando o filme da vida, certamente entenderia essa diferença. No entanto, queria mais. Queria o mesmo berço de seus amigos ricos. As circunstâncias favoráveis do meio em que cresceu — e que poderiam lhe abrir caminhos para um futuro risonho — instigavam-no a buscar mais que um simples lugar na vida. Nada lhe aplacava a revolta por não ser como aqueles que desde cedo formavam seu ambiente social. O contraste entre os dois universos em que transitava lhe acirrava a vontade de preencher as exigências da vida glamorosa. E ainda excitava sua imaginação comparar a própria realidade com a dos meninos ricos, a qual compartilhava como um intruso, um eterno convidado de última hora, chamado a ocupar o lugar de um convidado que faltou. Ele era um personagem postiço de um ambiente fictício.

Para desespero de Maria de Lourdes, seu grau de exigências crescia dia a dia. As novidades da moda eram uma tentação. Para acompanhar o passo dos amigos, por exemplo, jamais repetia a mesma camisa. Isso lhe era inconcebível. Queria sempre roupas novas. Ao contrário dos relacionamentos normais, em que as diferenças de classe ou de nível intelectual não representam necessariamente barreiras entre as pessoas, meu pai contagiou-se dos requintes e excentricidades do mundo burguês. Seu meio era a elite. Desprezava a pobreza. Vivia numa torre de marfim.

Foi nessa fase, com esse caráter rebelde, numa precocidade incomum, que decidiu trabalhar. Ansiava por poder bancar seus caprichos de consumo sem precisar da mãe. Ainda um adolescente, assumiria a responsabilidade de um adulto — o que desoneraria a mãe do sobrepeso no mirrado orçamento. Afinal, seu salário de cozinheira mal dava para suprir as necessidades da casa humilde na Tijuca. Não tinha, portanto, como sustentar o padrão que José Carlos descobrira na casa dos Vergara e que transformara em seu.

Orquima, o primeiro passo

Com ajuda dos Vergara, foi recomendado a Augusto Frederico Schmidt, proprietário da Orquima, a primeira indústria de materiais nucleares do Brasil, e criador também do primeiro supermercado do Rio de Janeiro, o Disco. De porte avantajado, que lhe valeu o apelido de "gordinho sinistro" pela facilidade com que transitava no cenário político e econômico nacional, Schmidt era um misto de industrial, jornalista, poeta, editor, homem de negócios e lobista. Tornou-se uma das proeminências mais polêmicas e um dos empreendedores mais criativos durante o governo de Juscelino Kubitschek.

José Carlos foi admitido de imediato e começou a trabalhar como *office boy* na Orquima. Adaptou-se facilmente ao trabalho, familiarizando-se com o funcionamento dos diferentes setores e conquistando rapidamente a simpatia dos funcionários, com aquele seu jeito de garoto travesso e desenvolto, que se sentia à vontade naquele ambiente novo.

Havia na empresa um fotógrafo que se encarregava de registrar eventos para fins de documentação e divulgação. Meu pai aproximou-se dele e interessou-se em conhecer os segredos da fotografia. Não custou a se inteirar do assunto. A profissão de fotógrafo passou a povoar seus sonhos. Esse gosto pela fotografia iria, fatalmente, conduzi-lo um passo adiante.

Logo adquiriu uma modesta máquina fotográfica, que se tornou sua paixão e companheira fiel: para onde quer que fosse, José Carlos levava o equipamento a tiracolo. Fotografava tudo que encontrasse pela frente. Mesmo no trabalho, nas brechas entre as tarefas, mirava a lente em diferentes direções, às pessoas, à área externa do prédio, ao interior e até, a contragosto do fotografado, ao próprio dono da empresa. Mesmo sabendo, insistia, driblando a atenção do patrão, que era sistemático e rigoroso, tendo manifestado algumas vezes seu desagrado. José Carlos era caprichoso e organizado, e guardava as fotos num álbum, que costumava mostrar a amigos.

Nesta altura, já morava na Tijuca, para onde se mudara com a mãe em 1953. Ali, alugaram uma casinha humilde, que ele chamava de "cortiço", cujo endereço nunca revelou a alguém, e para a qual se dirigia apenas para dormir e trocar de roupa. Notando sua paixão pela fotografia e o empenho que punha em tudo o que fazia para se tornar um profissional, Augusto Frederico Schmidt decidiu encaminhá-lo ao *Correio da Manhã*, então um dos mais importantes jornais políticos do país, recomendando-o ao proprietário, seu amigo Paulo Bittencourt. José Carlos já cruzara com ele pelos corredores da Orquima, aonde o jornalista ia esporadicamente. No jornal, foi encaminhado à seção de fotografia, então chefiada por Luiz Bueno Filho, uma das figuras emblemáticas da publicação, que crescera naquele ambiente e herdara do pai a profissão.

A partir dali, iniciava-se uma fase de superações e conquistas pessoais, importantes para seu crescimento profissional. Chegara, afinal, a tão sonhada oportunidade de melhorar as condições de vida da família, que, embora pequena, reduzida a mãe e filho, passara por tantas provações. Com certeza, mirava a perspectiva de sair do casebre da Tijuca para um bairro chique. Esse era o indicativo do destino. Que nem sempre, porém, se cumpre.

Na vida dupla que levava, decididamente recluso em seu casulo, mantinha em segredo sua origem obscura. Só se abriria a respeito com um amigo, Osmar Meggiolaro, de uma rica e tradicional família carioca.

Meu pai o conhecera na praia, no correr de partidas de futebol, e a estreita convivência o converteria em seu melhor amigo.

Osmar e José Carlos cresceram juntos e, na adolescência, tornaram-se inseparáveis. Osmar era um *enfant gaté*, levava a vida típica dos milionários, só andava de carro importado — que ganhava, todos os anos, do pai — e vestia as melhores grifes. Com ele, José Carlos teria uma convivência enriquecedora, que o conduziria ao mesmo tempo à glória e ao inferno.

Osmar o aprofundou no mundo fascinante dos bem-aquinhoados e o introduziu no Jockey Club, no Iate, nos salões da sociedade e nas festas chiques. Com Osmar, José Carlos esbanjava na noite carioca, em ocasiões regadas a muito uísque, cigarro e azarações.

Época propícia. Era a fase da rebeldia de James Dean, do clássico *Juventude transviada*, em que jovens se excediam em anseios libertários e mergulhavam de cabeça no prazer imoderado e na transgressão das regras sociais.

Esse convívio lhe abriu novas portas do mundo elegante. Em companhia do amigo, passou a figurar nas festas da sociedade. Admirador do Vasco da Gama, com ajuda de Osmar Meggiolaro, tornou-se frequentador do clube. Conhecia tudo de sua história: o primeiro escudo redondo, de fundo negro, e a caravela no centro, criado na administração de Alberto Carvalho em 1903;

a primeira camisa, preta, com punhos brancos e a cruz de Malta; o uniforme inspirado no modelo do Lusitânia Futebol Clube, com o qual os cruzmaltinos se fundiriam em 1915 e que, por sua vez, se inspirara no uniforme do combinado português que jogou uma série de partidas com o Vasco em 1913. Era um vascaíno doente.

Como todo fanático por futebol, extravasava nas vitórias uma alegria que quase o levava à loucura, enquanto, nas derrotas, explodia com mau humor e violência verbal que o deixavam à beira da insanidade. Nas vitórias, desfilando pela cidade no carro do amigo, com a bandeira do Vasco desfraldada da janela, cantando o hino do time, costumava "esticar" a comemoração além dos limites, excedendo-se na bebida. Em vão, os colegas tentavam demovê-lo daquele exagero, e acabava sempre levado para a casa do amigo dileto.

Nos fins de semana, Osmar o carregava para as corridas do Jockey Club, um dos programas preferidos de ambos, quando arriscavam alguma "fezinha". Em certas noites, a juventude da classe média carioca costumava se reunir nos bairros mais afastados da cidade, onde organizavam "pegas" de carros devidamente "envenenados". Osmar, em seus possantes carros importados, e José Carlos protagonizaram muitas dessas disputas. Em um desses eventos, do qual José Carlos não participou, Osmar sofreu um grave acidente. Seu carro, em alta velocidade, chocou-se de raspão com um caminhão em sentido contrário. Na batida, teve o braço esquerdo, exposto na janela, violentamente arrancado. O pai ainda conseguiu importar uma prótese, com a qual, porém, Osmar não se adaptou. Foi um trauma; um golpe terrível que estreitaria ainda mais a relação dos dois.

A essa altura, o cigarro entrara de vez nos hábitos de meu pai e a bebida consistia no complemento inevitável para tornar mais excitante a euforia em que mergulhara. Ele agora era um dependente inveterado do fumo e um refém do álcool.

Anos depois, de passagem pelo Rio, em 1995, visitei Osmar Meggiolaro em sua cobertura na avenida Vieira Souto, em Ipanema. Estava muito doente, mas me recebeu com carinho. Emocionados ambos, conversamos muito sobre meu pai. Falei-lhe do apreço com que José Carlos se lhe referia, e Osmar lembrou-se dos dias incríveis que viveram nos anos dourados do Rio de Janeiro.

Depois, nunca mais soube dele.

Quanto a Augusto Frederico Schmidt, seu primeiro patrão, meu pai sempre se mostrou grato, e nunca deixou esmorecer a admiração que sentia por quem dera o pontapé inicial em sua carreira. De muitas formas, Schmidt fora o espelho de que José Carlos se viu privado na infância, e, em sua passagem da adolescência para a fase adulta, tivera vital importância na afirmação do sentimento de conquista, de vitória, de crescimento. Seriam amigos até a morte de Schmidt, em 1965.

Sucesso a galope — os anos dourados

Meu pai começou a trabalhar como estagiário de fotografia do *Correio da Manhã*, precisamente, no dia 1º de maio de 1953. Tinha então 17 anos. Getúlio Vargas, em seu segundo mandato, agora pelo voto popular, estava no centro de um grande debate nacional — o monopólio do petróleo e a criação da Petrobras. Debate do qual o *Correio da Manhã*, como em outras campanhas e outros movimentos, tornar-se-ia protagonista atuante. Era a favor da criação da Petrobras, mas contra o monopólio do petróleo.

O rapazola enjeitado de Campos, que já tinha algum traquejo da sociedade carioca, principalmente da ala jovem, trajava-se com esmero, os ternos bem-talhados, o cabelo caprichosamente assentado. Bastou para ganhar o apelido de "Zé Bonitinho", que caía bem com a longa piteira que às vezes trazia pendurada num canto da boca. Ganharia ainda outro apelido, "Zeca Fumaça", graças a um velho Fusca fumarento que chegou a possuir.

Sua expectativa em iniciar o novo trabalho era grande. Um novo desafio o esperava. Misturavam-se sentimentos difusos: ansiedade, euforia e receio de não dar certo, mas também a convicção de que trilhava o caminho com que, ainda pré-adolescente, sonhara. Tinha ali a primeira oportunidade de mostrar a si mesmo que era capaz de galgar os degraus para o sucesso. Sabia que precisava agarrar com unhas e dentes aquele primeiro emprego, na carreira que pretendia seguir, e que até então exercera como simples amador. Encheu-se de orgulho e, como na metamorfose de uma crisálida, despiu-se do uniforme de *office boy* da Orquima. Era um gigante que partia para voos mais altos — ser um vencedor como fotógrafo profissional, e nada menos que no *Correio da Manhã*. Supriria assim as duas premências mais angustiantes, a financeira e a profissional.

Como é próprio da carreira, registraria alegrias e tristezas, tragédias e violências, toda essa matéria-prima de que é feito o jornalismo em sua função de testemunha da vida e da história. No começo, apenas acompanhava os mais antigos. Ainda imaturo diante das exigências de um repórter, tropeçava aqui e ali, mas compensava tudo com simpatia e boa vontade. Comunicativo e sempre disposto a aceitar qualquer desafio, era querido por todos. Com o tempo e, pois, a experiência, passou a desempenhar tarefas individuais e, mais adiante, ganhou o direito de assiná-las com suas iniciais, como JCG ou simplesmente JC. Progredia, e não demorou para que seu trabalho começasse a ser notado e recebesse elogios dos chefes.

Apesar das canseiras do trabalho diário, não se esquecia do hedonismo que cultivara desde a adolescência no convívio com os amigos abastados. Em fins de expediente ou em surtidas noturnas, lá estava José Carlos, invariavelmente rodeado de colegas, alguns deles da própria equipe, na mesa de algum bar da moda. Como frequentador da noite, estava a par das novidades da praça, dos *points* preferidos pela juventude dourada do Rio de Janeiro. Assim, era requisitado pelos colegas a definir o roteiro da ocasião. O reduto tradicional dos "biriteiros" do jornal, o bar do Hotel Marialva, na esquina da rua da Relação com a avenida Gomes Freire, quase em frente ao *Correio da Manhã*, também recebia agora seu mais novo "sócio".

No ambiente descontraído, invariavelmente de copo na mão e piteira na boca, José Carlos era quase sempre o centro das atenções. Dava expansão à sua euforia, como que celebrando, a cada reunião, a conquista que já segurava em suas mãos. No trabalho, no entanto, transfigurava-se. Era o profissional responsável, atento às tarefas, que procurava executar com esmero. Queria mais, porém.

Em 1954, pouco menos de um ano depois de ingressar no jornal, foi chamado pelo redator-chefe, Luiz Alberto Bahia, por orientação, segundo soube depois, do próprio dono, Paulo Bittencourt. Mais uma vez entraria em cena a mão amiga de seu antigo patrão na Orquima, que se tomara como seu protetor, acompanhando seus passos. Curiosos, seus colegas viram-no dirigir-se apreensivo à sala de Bahia, que ficava no mesmo andar da redação, assim como a seção de fotografia e o arquivo, onde eram guardadas as coleções impressas e o acervo iconográfico e fotográfico. No trajeto, ouvia interiormente uma voz que lhe fazia mil perguntas. Exceto em sua contratação, nunca fora chamado, com tanta formalidade, por algum diretor; salvo uma ou outra vez, para repassar recados ou chamar um colega. A conversa durou poucos minutos. José Carlos ouviu tudo com o coração aos pulos. Ao sair, quase levitando, o estagiário de fotografia foi ter com seus colegas. A apreensão de seu rosto cedera lugar a uma escancarada alegria. "Fui promovido, gente. Agora sou fotógrafo profissional" — disse, eufórico, para ser, em seguida, festivamente abraçado. No fim do expediente, a turma foi comemorar, conforme pediam o ritual do momento e o perfil do homenageado: no bar do Marialva.

Inseparável de sua Rolleiflex, o mais novo fotógrafo da casa passou então a fazer coberturas mais ambiciosas, como jogos no Maracanã e corridas noturnas no Jockey Club, uma de suas paixões; e também tarefas mais arriscadas, como incêndios, protestos, passeatas, acidentes, batidas policiais. Uma de suas proezas, quase uma estreia, foi a foto de Martha Rocha, miss Brasil de 1954, junto ao busto do fundador do *Correio da Manhã*, Edmundo Bittencourt, no saguão da entrada, durante a visita que a eterna rainha da beleza fez ao jornal. Dessa época em diante, o *Correio da Manhã* se tornaria sua primeira casa. Passava mais tempo no jornal do que com a mãe.

Seis anos depois, nova reviravolta. Em maio de 1960, foi promovido a repórter e, como consequência, passou a ter mais contato com o redator-chefe Bahia, o padrinho que o alçou a fotógrafo, e com quem desenvolveria, bem além da relação chefe-empregado, laços genuínos de afeição e amizade.

Ocorreu-lhe então outra ideia. Conhecedor como era de figuras importantes do *society* carioca, tendo compartilhado com os filhos deles as alegrias e os prazeres da vida noturna, que tal trazer esse "agito" para uma coluna de jornal, com fotos de gente jovem, mulheres lindas, candidatas a misses e rainhas, as damas da sociedade e as recepções? Trocava ideias a respeito com os colegas de redação, e só ouvia palavras de incentivo. Aquele alarido sobre seu projeto, ao que tudo indicava, chegara à esfera superior. Com a aprovação de seu novo chefe e já amigo Bahia, criou uma coluna social de variedades, focada principalmente na vida dos jovens famosos, a que deu o nome de "Teen

Age" — sugestão do próprio chefe. Ele mesmo colhia as notícias e fazia as fotos das estreias importantes, dos shows e dos musicais, dos bailes, das recepções e dos casamentos, dos aniversários e das temporadas na Europa de figuras proeminentes. Uma pequena vitrine daquele mundo dourado dos bem-postos passou a ser apresentada todos os dias numa página nobre no Segundo Caderno do jornal.

Nessa empreitada, escrever bem era seu novo desafio. Alguma experiência adquirira como repórter. Agora, no entanto, o estilo, o foco, o conteúdo da informação, a forma de expressá-la, o público-alvo, enfim, tudo era diferente. Além de certa informalidade e de alguma descontração, a coluna social requeria graça, leveza, fluência, concisão e objetividade. E mais ainda: acuidade para cavar a notícia em primeira mão e para prospectar a novidade. Não lhe faltou ajuda dos colegas experientes. O editor da coluna dava-lhe o retoque final, e o espaço logo caiu no gosto do público jovem. Em pouco tempo, tornou-se um sucesso. Um "must", como se diria então. Nos lugares da moda na noite carioca, José Carlos era cercado de conhecidos. A disputa para "aparecer" na coluna era grande, mas resistia ao assédio, filtrava tudo, e só publicava o que lhe parecesse realmente importante.

Os anos dourados do Rio. Uma cidade que vivia o último esplendor de seu reinado, prestes a perder o cetro de capital para Brasília — marco do Brasil dos "50 anos em 5" de JK. A cidade embriagada em festas, *vernissages*, chás beneficentes e bailes de debutantes. O Rio dos idílios, que viajava "nas asas da Panair", outra das paixões de meu pai, lugar que ditava moda e modismos e irradiava elegância para o país, e que "bombava" com as corridas e o desfile das *socialites* — em vestidos longos, chapéus emplumados e delicadas mitenes — no Grande Prêmio Brasil. Era o tempo da Canadá, a primeira casa de alta costura da cidade, onde Mena Fialla e Cândida Gluzman decretavam a moda que vestia as elegantes cariocas, e onde as futuras manequins e candidatas a Miss Brasil aprendiam a pisar na passarela.

Tempo de twist, de badalação na noite, do glamour e do charme da juventude luminosa da Zona Sul. A agitação internacional do Golden Room do Copacabana Palace, com seus "Chás de Caridade", do Jirau, a "casa da tia Jiraudina", na Rodolfo Dantas, vizinho do Beco das Garrafas, na Duvivier, "templo da bossa nova" dos anos 1950-1960, onde Elis Regina e Leny Andrade, com o trio de Sérgio Mendes, iniciaram carreira. As três boates do Beco — Bottle's, Little Club e Bacará — formavam o reduto dos boêmios e músicos do movimento que, a partir de 1957, revolucionaria a música — Tom Jobim, Vinicius de Morais, Sergio Mendes, Billy Blanco, Carlos Lyra, Roberto Menescal e Sérgio Ricardo, grupo ampliado com a chegada de Chico Feitosa, João Gilberto, Luiz Carlos Vinhas e Ronaldo Bôscoli, entre outros.

José Carlos frequentava também as rodas em que brilhavam Ataulfo Alves, Pixinguinha, Dick Farney e Cartola, nas tardes regadas a uísque e papo sem fim. Com a maioria deles, conviveu de perto, compartilhando bons momentos em torno do álcool e do fumo.

Era tempo também de samba-canção, da fossa de Dolores Duran, com "A noite do meu bem" e "Por causa de você", em parceria com Tom e Vinicius; e de Maysa, com "Meu mundo caiu". O circuito das boates e dos restaurantes — fonte inesgotável de notícias e *affairs* das colunas sociais — incluía o restaurante Au Bon Gourmet, as boates Little Club, Stadium, Ma Griffe, Sacha's, Fred's, Scotch, La Boheme e Club 36, entre muitos outros endereços de peso.

Foi esse o período de ouro da coluna "Teen Age", o momento de glória de meu pai, em cujos brilhos se embriagaria para, mais tarde, mergulhar no túnel sem luz — o fim do percurso.

Para rechear as notícias, o que não lhe faltava era ingrediente. Anotava tudo; nada lhe escapava. Tinha sempre o caderninho em mãos. Os detalhes da festa, os pormenores do casamento, os cuidados na ornamentação da igreja, a apresentação da noiva e do noivo, as recepções, a música e a ambientação das boates, o charme e a elegância das personalidades, os trajes usados pelos padrinhos, a qualidade das bebidas e do bufê — tudo era registrado.

A coluna rapidamente começou a ser povoada de celebridades. As filhas do presidente JK, Marcia e Maristela Kubitschek, eram presença constante, seja no Rio ou no exterior, como quando estiveram na Broadway, em 1959, assistindo à estreia de "Sound of Music", da dupla Rogers & Hammerstein, ao lado da estrela Mary Martin. Fernanda Colagrossi, uma das expoentes da sociedade carioca — envolvida em movimentos de preservação da natureza e organizadora de bailes de carnaval fantásticos em Petrópolis —, comparecia sempre como "uma das mais elegantes do Brasil". E também Astrid Monteiro de Carvalho, regressando da Europa. Como esquecer, por exemplo, o casamento de Noelza Guimarães e Helvécio Fernandes, em 1961, que a coluna cobriu com esmero? "Teen Age" tampouco evitava os *faits divers* do dia a dia: lembrava, por exemplo, aos "brotos" fãs do jovem cantor Sacha Distel que ele iria circular na pista carioca, "agora sem nenhum compromisso para cantar", em 1962; e anunciava que Judy Garland viria cantar no Rio — notícia que dava "em primeiríssima mão, para deixar nossas 'teen agers' atentas".

A presença de figuras e eventos da sociedade paulista em seus registros levou-o a criar a coluna "Scort", dedicada a nomes e acontecimentos da nova geração da capital paulistana. Publicada três vezes por semana, entrelaçava-se e muitas vezes se mesclava à agenda social dos célebres cariocas em São Paulo. Com isso, multiplicava leitores e atraía novos públicos para o jornal.

Vera Barbosa Ferraz, Julieta Toledo Piza, Helena Malta Simonsen, Ruth Vidigal Carvalho, Silvana Scarano e o jovem Mário Garnero — líder do Centro Acadêmico 22 de agosto da Faculdade de Direito de São Paulo, e que mais tarde se tornaria seu grande amigo e protetor de todas as horas — eram algumas das personalidades paulistanas que marcavam presença na nova coluna. O tradicional Baile do Branco, realizado nos elegantes salões do Clube Pinheiros, merecia cobertura especial, com muitas fotos da juventude de São Paulo. E ainda havia as memoráveis recepções da mansão Matarazzo, na Avenida Paulista. Meu pai tornara-se referência incontornável neste meio. Orgulhoso, estufava o peito e se regozijava com o sucesso. "Fiquei famoso no Rio de Janeiro. Sou requisitado para todas as festas."

Como colunista social, frequentador assíduo do Iate Clube, acabaria recebendo do então presidente, Comodoro Carlos de Brito, carteira de sócio permanente. Nascia mais uma de suas grandes amizades. Sua relação com o clube era tão estreita, e seus laços com o jornal tão fortes, que costumava dizer: "O Iate é minha segunda casa, a primeira é o *Correio da Manhã*." A casa da mãe, a que comparecia apenas para dormir e trocar de roupa, ficava em plano inferior. Com seu jeito bonachão e descontraído, logo se tornou amigo das pessoas próximas ao presidente. Ali, conheceu o jornalista e publicitário Jomar Pereira da Silva, companheiro inseparável nas idas noturnas ao clube. Durante alguns anos, o famoso

Baile do Havaí, promovido pelo Iate, foi um dos pontos altos do carnaval carioca, graças à animação dos foliões e às extravagâncias que aconteciam em torno da piscina. Nessas ocasiões, a coluna era toda dedicada à cobertura do evento.

Jomar Pereira da Silva, hoje presidente da Associação Latino-Americana de Agências de Publicidade (ALAP), é um homem de múltiplas atividades. Esportista na juventude — e ainda hoje —, passou pelo jornalismo e acabou firmando-se na área da publicidade. Curiosamente, no início da carreira, como revisor do *Jornal do Brasil*, posou para um anúncio de uma marca de cigarro, esquiando na Lagoa Rodrigo de Freitas com uma bela modelo. Para Jomar, José Carlos era uma pessoa controvertida, cujo trabalho não tinha a unanimidade dos que o conheciam. Era, no seu entender, um incompreendido — o que só servia para fortalecer sua postura profissional e sua personalidade. Ele aponta outra característica de meu pai: "Era muito 'esquentado', mas, numa discussão, por mais quente que fosse, só era agressivo da boca pra fora." Jomar destaca ainda outra marca registrada de José Carlos: sua absoluta privacidade. "Jamais convidou alguém para visitar sua casa, sequer falava dela ou de sua família. Era um segredo guardado a sete chaves, um mistério impenetrável. Imagino que pelo contraste da vida que levava — a profissional, cercada de luxo, pontilhada de mordomias, e a familiar, simples, modesta e, quem sabe, muito pobre", completa o amigo.

O Iate tornara-se preciosa fonte de notícias para a coluna. A varanda do clube, com a bela visão da enseada de Botafogo, tendo ao lado a moldura do Pão de Açúcar, era a passarela por onde desfilavam os "brotos" e "brotinhos" do *society*. Por causa da coluna, a passarela ganhou celebridade, tornou-se um "point" da juventude dourada e foi batizada de "Avenida Teen Age".

A inquietude que sempre o acompanhou o levaria a novas experiências. Passou a organizar, anualmente, viagens em grupo à Europa, promoveu bailes de debutantes no Iate e um único e frustrado baile no Hotel Quitandinha, em Petrópolis. Suas atividades nas duas colunas, em meio ao glamour e ao permanente clima de festa, tornaram-se assim febricitantes. Aquela locomotiva parecia não se deter diante de nada. Trabalhava demais, fumava e bebia demais.

Beber, fumar, jogar conversa fora, noites em claro, trabalho duro — era este o combustível que alimentava aquela máquina insaciável, a bomba relógio que começava a contagem regressiva dentro de seu organismo. Definitivamente, o vício passara a ser o companheiro inseparável do trabalho, a chama que o mantinha aceso a noite toda, numa empolgação que parecia não ter fim nem limites. Muitas vezes, deixava as festas, já o dia claro, e ia direto para o trabalho, sem dormir ou se alimentar. Por mais que minha avó Maria de Lourdes tentasse alertá-lo ou demovê-lo daquela "loucura", nada desviava meu pai da corrida de obstáculos afinal intransponíveis.

Um dos primeiros sinais do que ainda viria pela frente ocorreu justamente na festa que promoveu no Hotel Quitandinha, em 1962. Jomar, um dos convidados, conta como foi o episódio, que resultou num grande calote e lhe custou uma braba carraspana. "Lá estávamos nós, eu e mais um grande número de amigos, todos da sociedade carioca. A festa corria solta e animada, a música embalando os casais, o buffet fartamente regado a bebidas. José Carlos circulava feliz pelo salão, com seu inseparável copo de uísque e o cigarro no canto da boca. Devia ser aí por volta de uma da madrugada. De repente, exibindo exagerada euforia, os passos cambaleantes, José Carlos começou a dar ordens desconexas aos convidados, estabelecendo-se em seguida uma confusão generalizada. Seus amigos trataram logo de impedir o avanço daquele vexame. Nós o amparamos, e ele, de pé, sem largar o copo de uísque, foi retirado do recinto. O baile, evidentemente, terminou aí. E nunca mais se repetiu."

Passado o tumulto, conta Jomar, meu pai foi encontrado em sono profundo, num dos quartos do hotel. Quando acordou, parecia que nada acontecera. A cabeça girava e ardia. Não se lembrava de coisa alguma. A "bomba" viria logo a seguir. Boa parte dos participantes, valendo-se da confusão, escafedera-se sem pagar a conta. O prejuízo foi bancado, elegantemente, por Bento da Cunha, presidente da Santa Paula Empreendimentos, proprietária do hotel. Na roda de amigos, a contragosto de José Carlos, que não tinha *fair play* para essas situações, o "acidente de percurso" foi motivo de gozação e, por alguns dias, o assunto obrigatório do *society*. Nada, porém, que abalasse seu trabalho e ferisse a reputação ou a credibilidade da coluna.

A primeira paixão e o fim de um sonho

Em 1961, na primeira de suas concorridas "Excursões Teen Age" à Europa, meu pai conheceu, em Veneza, uma pintora em evidência na cidade-monumento, a condessa Marina Zancope. Tinha a consciência de que já galgara os principais degraus da carreira, o sucesso não tardou, e a fama veio como consequência natural. Faltava, porém, algo importante ao fluxo daquela alma sedenta de conquistas e valores, que lutava por livrar-se da sombra de um passado do qual se envergonhava. Talvez, ora, de uma paixão emergisse a força adicional que o impeliria ao futuro, à completude do sonho. Seu coração, afinal, "terra onde ninguém pisa", como a mãe o alertara tantas vezes, continuava também um terreno árido. Embora sempre cercado de jovens bonitas, nunca vivera uma aventura sentimental. E, como nas tempestades que desabam sem prenúncio, o amor um dia chegou de forma avassaladora. Ao ver a jovem condessa Marina Zancope pela primeira vez, encantou-se, impactou-se: a beleza, a postura esbelta, os gestos suaves e elegantes, e a melodia do idioma italiano — tudo isso incendiou seu coração. Foi amor à primeira vista, que se transformaria em paixão recíproca. Naqueles poucos dias felizes, cumpriram o roteiro de um turista comum: passeio de gôndola pelo Grande Canal, a Ponte dos Suspiros, o café Florian, a Praça São Marcos, com a imponente Basílica, o Campanário e o palácio dos Doges.

Separados pela volta de José Carlos ao Brasil, mantiveram o namoro a distância. Correspondiam-se; falavam-se por telefone. No ano seguinte, na segunda excursão à Europa, voltaram a se encontrar. Ao desembarcar em Roma, ele deixou o grupo — passou o comando a Yolanda Faria, que se tornaria agente de turismo — e seguiu para Veneza, para ver Marina. O sonho continuava vivo. Tudo caminhava para um final feliz. Quando, entretanto, as coisas começaram a ficar mais sérias, a família da condessa se opôs ao namoro. José Carlos era um estrangeiro e morava em outro país — este, o principal entrave. Exigiam que se mudasse para Veneza. Um dilema difícil: o amor ou o *Correio da Manhã*. A ter de morar na Itália, preferiu permanecer no Brasil, com sua vitoriosa coluna no jornal. Retornou ao

Rio, embora deixasse o coração em Veneza. Nas férias daquele ano, viajou de novo ao encontro de Marina. Mesmo sem futuro, a paixão seguia intata.

Em 1961, a renúncia do presidente Jânio Quadros, oito meses depois de empossado, mergulharia o país numa grave crise institucional. Crise que, aceleradamente, levaria seu sucessor à queda, o vice-presidente João Goulart, e culminaria com a implantação da ditadura militar de 1964. Nesse intervalo, o *Correio da Manhã* atravessou períodos tormentosos.

O jornal, que apoiara a candidatura de Jânio Quadros e que acompanhou com simpatia suas primeiras ações moralizadoras, opondo-se frontalmente a Carlos Lacerda, logo mudaria de posição diante dos rumos à esquerda que o governo tomava. Luiz Alberto Bahia, que respondia pela redação, foi demitido por Paulo Bittencourt, que convidou Jânio de Freitas para o cargo, jornalista que trazia na bagagem a consolidação da grande reforma gráfica do *Jornal do Brasil*. Sua gestão, contudo, durou poucos meses. Em 1963, vítima de um câncer no pulmão, morreria, em Estocolmo, Paulo Bittencourt. A chefia de redação passou, então, a Antônio Moniz Sodré Neto, filho da herdeira Niomar Moniz Sodré Bittencourt.

Casada em segundas núpcias com Bittencourt, Niomar herdou o jornal, cujo comando, porém, só assumiria oficialmente após longa disputa judicial com a única filha de Paulo, Sybil Bittencourt, de seu primeiro casamento.

Nesse ano, o *Correio da Manhã* passou por profundas modificações estruturais e gráficas. Muitas colunas foram extintas ou reformuladas, muitos jornalistas, demitidos, outros, substituídos nas editorias; enfim, a folha fora inteiramente reformulada, embora mantivesse sua característica combatividade. Morto Paulo Bittencourt, e com Luiz Alberto Bahia já apeado da redação, logo a coluna "Teen Age" seria extinta e José Carlos, demitido. De um momento para outro, encontrou-se sem chão. O que parecia um sonho solidamente concretizado se evaporou como uma nuvem arrastada por um furacão. O abalo foi tão devastador que, durante dias, mergulhou num profundo abatimento. Sem seu querido jornal, sem aquela casa que tanto amava e onde era querido, sem sua Rolleiflex, que registrava o mundo festivo que frequentava, perdera a razão de viver. Não era mais José Carlos Gomes. Não havia mais o *Correio da Manhã*. Obcecado pelo brilho dos salões e pela efervescência do ambiente noturno, que já não lhe estavam mais ao alcance, esquecera-se dos outros valores da vida. Naquele momento de realização, que imaginava definitivo, a existência, para ele, resumia-se ao *Correio da Manhã* e a tudo o que o jornal lhe proporcionava.

Seu amigo Jomar, que fora diretor de marketing do jornal no período e acompanhara de perto todo o processo de transformação, avaliou a situação: "De repente, o *Correio da Manhã* mudou seu direcionamento e a coluna do José Carlos foi desativada. Foi nesse momento, na tentativa desesperada de alcançar uma posição, manter seu prestígio, que teve início seu sofrimento. Meu amigo, porém, não conseguiria nada parecido novamente."

Depois de sua saída, nada mais seria como antes. A começar pelo querido *Correio da Manhã*. O golpe militar de 1964 assinalou o princípio do fim do grande jornal. Honrando sua posição liberal, o *Correio da Manhã* colocou-se contra o movimento e, a partir daí, manteve um obstinado e obsessivo combate aos desmandos do novo regime. A situação se agravaria em dezembro de 1968, com o Ato Institucional número 5, o famigerado AI-5, que estabeleceu a censura aos jornais e a prisão e cassação de políticos, jornalistas e intelectuais. Tempo de sequestros e exílios, forçados ou espontâneos.

No comando, Niomar Moniz Sodré Bittencourt foi presa várias vezes, o *Correio*, seguidamente interditado, e sua principal agência de anúncios, na avenida Rio Branco, destruída num atentado a bomba. O cerco econômico imposto pela ditadura levaria o grande matutino à garra. De início, em busca de salvação, pediu concordata, cujos compromissos, porém, não conseguiria honrar, e foi por fim arrendado, em 1969, por um grupo de empreiteiros, numa transação desastrada que resultaria em completa ruína. Estes, claramente favoráveis ao governo, mudaram a feição do jornal. O *Correio da Manhã* virou, pois, uma folha chapa branca. Nem assim, contudo, sobreviveria à borrasca. Completamente desfigurado, exaurido em suas finanças, circulou, pela última vez, em julho de 1974.

Veneza não saía do pensamento de José Carlos, que reuniu o dinheiro da indenização do *Correio da Manhã* e partiu para a Itália. Por mais de um mês, enquanto pôde, ficou na Europa. O namoro continuava firme; porém, não avançava. Permanecia o impasse da nacionalidade e da distância. Alguém tinha de ceder. Ninguém cedeu. A ruptura era iminente. E assim foi. Quando tudo acabou, José Carlos encharcou-se de uísque e terminou sua frustrada aventura amorosa numa imersão na Fontana de Trevi. Depois, regressou ao Rio. Na bagagem, mais um sonho frustrado.

Em 1965, depois de vários *freelances*, conseguiu ingressar como fotógrafo no *Jornal do Brasil*, onde permaneceria por dois anos. Nada que comparasse ao clima que encontrara no *Correio da Manhã*. Partiu para nova experiência. Mais de uma década depois de chegar ao Brasil, a televisão abria caminhos e oferecia novas oportunidades no mercado do entretenimento. Com a ajuda de um amigo do *Correio da Manhã*, José Guimarães — o Guima, que assinava a página "Aconteceu", com os fatos da semana —, conseguiu uma colocação na Rede Globo. Ganhou um quadro no programa Show da Cidade, intitulado "Mundo jovem com José Carlos Gomes" e dirigido por Guima. Uma curta passagem, pois não se adaptou às câmeras. Em 1968, sem emprego, e acompanhando — longe dos olhos, mas tão perto do coração — a agonia de seu *Correio da Manhã*, recorreu novamente ao "bico" como relações-públicas do Hotel Leme Palace, do grupo Othon, em Copacabana.

Ele, porém, nunca esquecera aquela paixão veneziana. Na gaveta de sua mesa, no emprego que conseguiria mais tarde, em São Paulo, guardou durante muito tempo as fotos de Marina.

Mesmo casado com minha mãe, jamais deixou de cultuar a memória de seu amor. Aos amigos que viajavam à Itália, pedia que procurassem por ela. Um deles, seu velho amigo de infância e confidente Osmar Meggiolaro, com quem mantinha contato no Rio, embora tivesse tentado, não mais conseguiu localizar a condessa.

Uma singela lembrança selaria o fim daquela busca impossível. De volta, Osmar enviou-lhe duas novelas de Thomas Mann, *Tonio Kroeger* e *Morte em Veneza*. A primeira narra a história de um personagem cujos pensamentos fluem diante dos olhos do leitor, enquanto, diante dos seus, transcorre sua própria vida. A segunda é o relato de um amor platônico, que consome a alma do personagem apaixonado. Trazia a seguinte dedicatória: "A morte em Veneza foi realmente verdade, não foi...?"

Anjos existem

Diz-se que ninguém, por autossuficiente que seja, pode prescindir de ajuda, tampouco de um ombro amigo. Diz-se também que coisa alguma acontece por acaso. Tudo ocorre na hora certa. José Carlos viveu essa experiência. Mário Bernardo Garnero, o elegante jovem paulista, então estudante de Direito, foi uma dessas pessoas certas, que conheceu na ocasião certa, e a quem sempre recorreria em seus momentos incertos.

    O encontro se deu numa das festas que meu pai promovia, às quais Garnero, quando no Rio, costumava ir — ponto de partida para uma amizade que duraria a vida toda, mas que se estreitaria, anos depois, em decorrência de um episódio marcante. Num baile organizado pela coluna "Teen Age", no Iate Clube, José

Carlos apresentou a Mário Garnero, então diretor da Volkswagen, a bela Ana Maria Monteiro de Carvalho, da alta sociedade carioca, filha do proprietário do poderoso Grupo Monteiro Aranha. Foi amor à primeira vista. Mário e Ana Maria começaram logo o namoro e pouco depois se casaram.

Corria o ano de 1971. Para meu pai, o sonho do *Correio da Manhã*, já nos estertores da morte, terminara. As experiências no *Jornal do Brasil* e na Rede Globo frustraram-se, apesar de enriquecedoras, e os bicos escassearam. Paralelamente, sempre se comunicava com Garnero em São Paulo. Num dos telefonemas, desabafou: "Mário, não aguento mais ficar aqui no Rio. O *Correio da Manhã* está falido, meus sonhos não existem mais, não estou suportando levar essa vida. Preciso mudar de ares, preciso trabalhar, preciso recomeçar minha vida."

O amigo se sensibilizou e o convidou a se mudar para São Paulo. Ofereceu-lhe, para tanto, um lugar na Volkswagen, como seu assistente na diretoria. Meu pai exultou com a oportunidade, arrumou as malas e partiu, para grande tristeza de minha avó, que mais uma vez se separaria dele. Invertia-se ali o papel que desempenhara quando deixou Campos para tentar a vida no Rio.

José Carlos teria agora uma experiência nova, um verdadeiro recomeço, desta vez numa metrópole de ritmo bem diferente daquele, dolente e descontraído, de seu querido Rio de Janeiro. Adeus às bermudas, ao peito aberto, sem camisa e de chinelo; adeus às peladas na areia escaldante e ao sol que tostava o rosto descorado pelas noites delirantes no Beco das Garrafas e no Iate Clube. Para trás, ficaria um tempo de esplendor, a memória de um breve reinado, as lembranças de quem um dia, ainda que fugaz, fora astro-rei. No Rio, ficaria também sua raiz: a mãe simplória, que o arribou da já longínqua cidade provinciana, a casa modesta da Tijuca, os amigos de copo e mesa. Só não deixaria o passado — seu verdadeiro passado. Esse, incontornável, permaneceria, no silêncio de sua origem, na escuridão de sua mente.

Jomar Pereira manteve contato com José Carlos esse tempo todo. Recorda-se, porém, que, a partir de um determinado momento, nunca mais teve notícias dele. "Meu amigo sumiu como por encanto. Eu o procurei por toda parte. Ninguém tinha informação. Ele simplesmente sumiu" — conta. Só muitos anos mais tarde, por intermédio de um amigo comum, soube que meu pai trabalhava no Departamento de Imprensa da Volkswagen.

Em São Paulo, refeito do choque inicial ante tão gigantesca metrópole, instalou-se numa quitinete alugada na avenida Brigadeiro Luís Antônio. Dali, a bordo de um velho Fusca, semelhante ao que tinha no Rio, pegava a movimentada via Anchieta e se dirigia a São Bernardo do Campo, no ABC Paulista, para a fábrica da

Volkswagen. A mudança de ares, contudo, não alteraria seu *aplomb*. Mantinha a mesma elegância; trajava-se com o esmero de sempre, o terno impecável, a gravata italiana, os cabelos sempre bem assentados. Diferentemente do Rio, no entanto, levava uma vida solitária; não tinha amigos. Costumava vagar pelas noites do Bixiga, o tradicional bairro italiano, típico reduto de artistas, intelectuais e amantes da cultura paulistana, e importante centro gastronômico localizado no coração da cidade. Passou então a frequentar seus bares, onde, pouco a pouco, fez um pequeno círculo de amigos de ocasião.

Em carta à mãe, de 7 de março de 1972, dava as primeiras notícias:

> Alô, mãe. Já estou morando na minha nova residência. É um pequeno apartamento, na avenida Brigadeiro Luís Antônio, nº 1404, apartamento 406, todo decorado e mobiliado. Novinho em folha. O que estava faltando eu já comprei pelo crédito da cooperativa da fábrica. Estou ganhando bem. E você, como é que vai? A saúde está boa? Gostaria que um dia você viesse a São Paulo, pois tenho lugar para hospedá-la no apartamento. Como é que vai o caso das casas? O Bonelli tá agindo?
> A geladeira que comprei tem oito pés e é da mesma cor da sua. A TV é da GE, portátil. Continuo firme no meu trabalho e a Volkswagen continua crescen-

do, pois as obras em Taubaté já foram iniciadas. Isto é muito bom porque significa um sem-número de colocações para pessoas que se encontram desempregadas. Sem mais novidades, envio-lhe um carinhoso abraço e lembranças a todos.

P. S.: Se estiver precisando de alguma coisa, diga-me na resposta.

Sua vivência no jornalismo logo o levaria ao departamento de Imprensa da Volkswagen. Como assistente do setor, conheceria o jornalista Carlos Tramontina, mais tarde apresentador do jornal SP-TV, da Rede Globo. Na montadora alemã, a sorte voltava a sorrir para José Carlos, e as oportunidades surgiam, uma após a outra. Muito contribuía para esta ascensão seu caráter extrovertido e comunicativo, e sua capacidade de se relacionar bem com os outros, dentro ou fora do ambiente profissional. Em 1973, poucos meses depois, seria designado ao cargo de Relações-Públicas. Com efeito, crescia no novo trabalho, talvez não o preferido, mas também prazeroso, capaz de lhe proporcionar igual satisfação, pois baseado no contato com as pessoas. No desempenho da função, atendia, com impecável trato, visitantes estrangeiros, políticos e empresários que procuravam a empresa, e promovia, com esmero, os lançamentos dos novos modelos nos salões de automóveis. Daí a colaborar com o jornal interno foi um passo.

Enquanto as coisas assim corriam, outro feliz acaso, pouco anterior, teve vez. Em 1972, José Carlos conheceu uma jovem com quem teria forte união — pela vida afora, em todos os momentos, seu esteio. Vanderci da Silva, seu nome, era de Monte Alto, interior de São Paulo, e fora criada em Catanduva, uma cidade próxima. Completados aí os estudos fundamentais, atraída pela medicina, foi para Mogi das Cruzes tentar o vestibular. Por ter conseguido a décima colocação, obteve uma bolsa de estudos para a Faculdade de Medicina. Porém, perdido o benefício a partir do terceiro ano, e sem condições financeiras de continuar, teve de interromper o curso. Mudou-se então para São Paulo, em busca de emprego, e conseguiu uma colocação na parte administrativa da Interclínicas. Na capital, dividia uma quitinete com duas amigas, Sonia e Angelina, no mesmo edifício em que morava meu pai.

O primeiro encontro ocorreu nesse prédio. De volta do trabalho, ambos aguardavam o elevador no hall. Após uma rápida troca de gentilezas, em que um ofereceu ao outro a primazia da entrada, acabaram se trombando na porta do ascensor, num daqueles clássicos incidentes de indecisão que costumam resultar em comicidade. Foi o suficiente para que se criasse um clima de empatia; para que houvesse "química" instantânea. Esse ritual de encontros se repetiu muitas vezes. Meu pai conheceu as amigas dela, e logo as convidaria — convite que era, claro, sobretudo para Vanderci — a seu apartamento, para conhecer o toca-discos que comprara e tomar um drinque. Nascia ali uma relação que evoluiria, em seguida, para o namoro e, de maneira fulminante, para o casamento, naquele ano mesmo: 1972. Não houve cerimônia religiosa; apenas o registro civil. Começava uma nova etapa na vida conturbada de José Carlos.

Pouco depois do casamento, minha avó Maria de Lourdes viajou a São Paulo para conhecer a nora. Durante sua permanência na pequena quitinete, o convívio não foi dos mais tranquilos. A interferência da mãe ciumenta ia de um simples anseio de sogra — tornar-se avó, de preferência de uma menina — a pequenos avanços de sinal, como inconvenientes palpites na vida do casal. Nada, porém, que estremecesse a paz do ambiente familiar. Como numa ladainha, já de volta ao Rio, minha avó batia cotidianamente nos ouvidos de meu pai: "Zeca, meu filho, você tem de me dar uma netinha, tem de dar continuidade à nossa família; está na hora de ter alguém do seu sangue."

O desejo de minha avó seria realizado dois anos mais tarde — e do modo como sonhara. Poucos meses depois de meu nascimento prematuro, a 11 de junho de 1974, ela voltaria a São Paulo para festejar minha chegada. O pai coruja se excedeu na celebração, regada a muita bebida, e distribuiu os tradicionais charutos. Quase entrou em coma etílico após incontáveis brindes. Foram meus padrinhos o grande amigo Mário Garnero e sua bela esposa Ana Maria.

Meu nome de batismo guarda uma relação afetiva de meu pai com o Festival Internacional da Canção, grande sucesso do calendário turístico da ex-capital da República, então Estado da Guanabara, organizado entre 1966 e 1972 pela Secretaria de Turismo, com transmissão da TV Globo. O certame, que lotava o Maracanãzinho todas as noites, desenvolvia-se em duas etapas, a nacional e a internacional. Dele participavam intérpretes e músicos de vários pontos do país e do exterior, com extensa cobertura da imprensa internacional. A melodia classificada na fase nacional representava o Brasil na internacional. Ao primeiro colocado, além dos prêmios em espécie, era atribuído o troféu Galo de Ouro, criado por Ziraldo e confeccionado pela joalheria H. Stern. Da edição de 1969, José Carlos especialmente conservou uma singela lembrança da música vencedora da etapa nacional, "Cantiga por Luciana", de Edmundo Souto e Paulinho Tapajós, interpretada pela cantora Evinha. Numa das estrofes, a canção louvava "Luciana, sorriso de menina/ dos olhos de mar", que "nasceu na paz de um beija-flor/ em verso, em voz de amor/ já desponta, aos olhos da manhã/ que abriu-se em flor". Este — Luciana — foi o primeiro nome que lhe acorreu à memória e que desejou perenizar entre os seus, numa reverência à música que tanto o encantara.

Com o aumento da família, meus pais decidiram se mudar para São Bernardo do Campo. Moramos, primeiro, num apartamento maior, alugado; depois, numa casa comprada com financiamento, num bairro próximo à fábrica da Volkswagen. Tudo novo em folha. Móveis, utensílios, cozinha planejada — só do bom e do melhor. A decoração caprichada ficou por conta de uma badalada loja da cidade, a Henri Matarasso. A família estava agora instalada com todo o conforto.

O trabalho na Volks ia de vento em popa; a produção da fábrica crescia a cada ano. Graças ao cargo que exercia, em contato com personalidades do mundo político e dos negócios, meu pai contava em casa do orgulho que sentia pelo prestígio de que desfrutava na empresa. A isso se creditava sua facilidade de cativar e se comunicar com as pessoas. Com tanta coisa dando certo, o velho e fumarento Fusca foi aposentado. Agora, trocávamos de carro anualmente; modelos diretos da fábrica. Passávamos as férias, regularmente, na colônia do Sesc, onde meu pai ocupava uma suíte na ala da presidência — mimo que seu amigo José Papa Jr. (conhecido como Zizinho Papa), então presidente do SESC e do SENAC, oferecia-lhe. "Zizinho é uma pessoa maravilhosa, um grande amigo que conheci em São Paulo, amizade para uma vida inteira" — comentava. E José Papa Jr. tem um emocionante depoimento sobre José Carlos:

Conheci o Zé Carlos em 1974, quando era relações-públicas da Volkswagen. Fui um dia à fábrica e lá estava aquele homem que adorava conversar. Ele me levou para conhecer a fábrica inteira. Uma maravilha aqueles momentos de descontração dentro da empresa. Andamos na linha de montagem, e ele me apresentou cada detalhe. Essa era a função do meu novo amigo: mostrar o que ali havia de melhor, o que seria um sucesso no Salão do Automóvel daquele ano. Conversávamos muito e fiquei muito contente em conhecer o Zeca, como ele gostava de ser chamado pelos amigos mais íntimos. Nós nos encontrávamos no Clube Paulistano para conversar, e Zeca adorava tomar seu uísque e fumar seus vários cigarros, um atrás do outro, no bar perto da piscina. Lá ficávamos por horas. Ele tinha um papo muito agradável, divertido. Eram momentos de pura alegria e muitas risadas. Sempre conversávamos também por telefone, pois Zeca ia sempre para a Colônia do Sesc, onde eu fui presidente.

Não demorou, pois, para que sua posição na empresa começasse a despertar a cupidez dos colegas. Passou a ser olhado com visíveis sinais de ciúme e inveja. Incomodava-se com a situação, contra a qual nada podia fazer. Comentava com minha mãe, que procurava dissuadi-lo dessa preocupação. Tinha — isto,

Minha avó Maria de Lourdes Gomes e meu pai em visita ao Corcovado pela primeira vez.

Meu pai, minha mãe Vanderci da Silva, minha madrinha Ana Maria Monteiro de Carvalho, meu padrinho Mário Garnero e os filhos Mário, Alvaro e Fernando no meu batizado na Capela São Pedro, no Morumbi, em São Paulo.

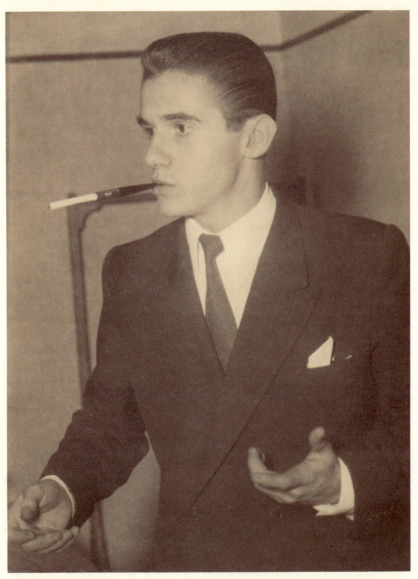

Meu pai, ainda muito jovem, passando a imagem de como fumar era charmoso, elegante e sedutor.

Meu pai.

Dr. Augusto Frederico Schmidt fotografado por meu pai ainda na Orquima, a primeira indústria de materiais nucleares do Brasil.

Com seu famoso Fusca alemão, que os amigos apelidaram de "Zeca Fumaça".

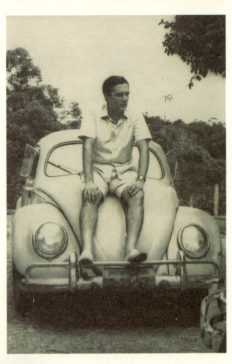

No início da carreira como auxiliar de fotógrafo no *Correio da Manhã*.

Registro de empregado do *Correio da Manhã*.

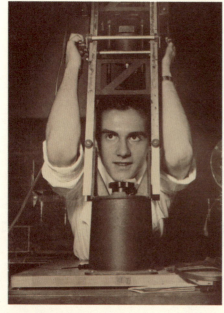

Com o seu ampliador de fotografias no *Correio da Manhã*.

Meu pai no *Correio da Manhã*.

Almoço realizado para os funcionários no *Correio da Manhã*.

Martha Rocha fotografada por meu pai no *Correio da Manhã* em 12 de agosto de 1955.

Martha Rocha fotografada por meu pai ao lado do busto do fundador do *Correio da Manhã*, Dr. Edmundo Bittencourt.

Martha Rocha no almoço realizado em sua homenagem no *Correio da Manhã* quando foi eleita Miss Brasil em 1955.

Jânio Quadros fotografado por meu pai, recebendo cumprimentos na posse em Brasília em 31 de janeiro de 1961.

Foto tirada por meu pai no gabinete do presidente Juscelino Kubitschek no Palácio do Catete.

Com colegas fotógrafos no Maracanã em 1957, no jogo em que o Brasil venceu Portugal por 2 a 1.

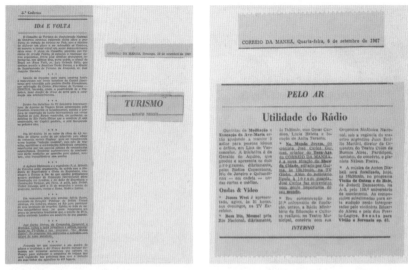

Notas sobre o programa de meu pai, "Mundo Jovem", na Rede Globo de Televisão.

No Galeão, indo para a Europa "nas asas da Panair".

Na excursão Teen Age pela Europa em 1961.

Com os integrantes da excursão Teen Age na Fontana di Trevi, em Roma, Itália.

Meu pai, Fernando Gasparian e Cauby Peixoto.

Com amigos, em uma festa de aniversário.

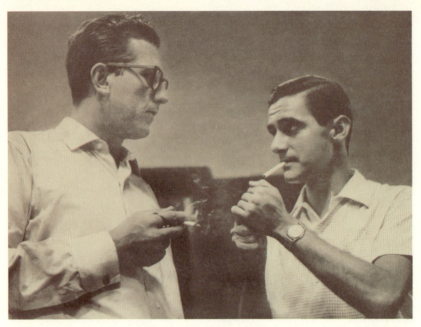
Meu pai, à direita, acendendo um cigarro.

Com cigarro e bebida na mão, recebe os cumprimentos de um amigo.

Fumante perde pernas e expõe drama para forçar indenização

LETICIA DE CASTRO

Com a expectativa de sensibilizar e pressionar a Souza Cruz, José Carlos Gomes aceitou protagonizar a nova e impressionante campanha antifumo do Ministério da Saúde.

Ele processa a empresa fabricante de cigarros por danos morais em razão dos problemas de saúde que o cigarro lhe causou. "Eu quero a minha indenização e de todas as pessoas que foram prejudicadas pelo cigarro", afirmou Gomes.

Aos 64 anos, o jornalista aposentado vive entre a cama e uma cadeira de rodas. Teve a perna esquerda amputada há oito anos e a direita um ano depois, em decorrência de problemas circulatórios causados pelo excesso de nicotina.

Há cerca de três anos, já entregue à cadeira de rodas, Gomes teve um derrame cerebral e um ano depois teve o segundo.

Ainda lúcido, mas com problemas de memória, Gomes sofre diariamente com dores nas mãos e braços.

Influenciado por propagan-

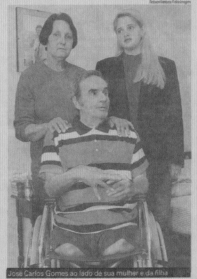

José Carlos Gomes ao lado de sua mulher e da filha

das e pelo cinema, José Carlos Gomes começou a fumar aos 10 anos. "Eu fui atraído pela imagem sedutora do cigarro. Não sabia que fazia mal, era ignorante."

No início, ele fumava dois maços, mas chegou a quatro quando virou colunista do jornal Correio da Manhã, onde trabalhou por cerca de seis anos. "Eu ficava muito nervoso, não conseguia apurar nada sem um cigarro."

Gomes só conseguiu largar o vício cinco dias antes de perder a segunda perna. "Era largar ou morrer", disse Vanderci. Ele conta que não sofreu com a abstinência porque passava todo o tempo sedado, em razão dos problemas com a perna.

Com a propaganda do Ministério da Saúde —no ar desde 28 de julho—, ele quer alertar aos fumantes sobre os problemas causados pelo cigarro. "Sou um exemplo, estou querendo ajudar", diz.

Sem convênio de saúde, a família gasta cerca de R$ 400 por mês em remédios. Procurada pela reportagem, a Souza Cruz não se manifestou.

NA JUSTIÇA
Ação leva mais dois anos

De acordo com o advogado Luiz Mônaco, responsável pelo processo que José Carlos Gomes move contra a Souza Cruz, ele só deve receber a indenização em 2002.

"Demora, mas é muito provável que ganhemos a causa", disse Mario Albanese, advogado que trabalha com Mônaco no processo.

Os dois são da Adesf (Associação de Defesa da Saúde do Fumante), responsável por cerca de 20 ações indenizatórias contra a Souza Cruz e Philip Morris.

De acordo com Mônaco, a ação de Gomes —a primeira individual desse tipo proposta no país— não estipula o valor da indenização a ser cobrada. "Isso ficará a critério do juiz", afirma. No entanto, ele calcula que o valor pode ficar em torno de 5.000 salários mínimos, ou R$ 755 mil.

O primeiro julgamento deve ocorrer até o final do ano na 3ª Vara Cível. Após isso, a empresa pode entrar com recursos, por isso a demora. (LC)

CAUSAS
Cigarro altera circulação

De acordo o oncologista Agnaldo Anelli, diretor do Hospital do Câncer, o consumo de nicotina diminui o diâmetro do vaso sanguíneo, dificultando a circulação.

"Isso causa menor oxigenação dos tecidos, podendo resultar na morte dos mesmos", afirma Anelli.

Para ele, esse foi o problema que obrigou o jornalista José Carlos Gomes a ter as duas pernas amputadas.

De acordo com o médico oncologista, esse problema se agrava nas extremidades do corpo, áreas em que o fluxo sanguíneo rebaixa muito.

Segundo Anelli, o derrame cerebral tem a mesma causa: falta de oxigenação.

"Na maioria das vezes esses problemas são irreversíveis", afirma o médico.

Ele diz que a quantidade de cigarro consumida não é determinante. "Fumar pouco é tão mal quando fumar muito." Ele lembra que, além de problemas vasculares, o cigarro causa enfisema pulmonar e câncer. (LC)

Reportagens, nesta página e na seguinte, sobre a campanha antifumo do Ministério da Saúde e o processo contra a Souza Cruz.

JOSÉ CARLOS GOMES: na década de 60, quando trabalhou no Correio da Manhã, e hoje, impossibilitado de caminhar por causa dos cinco maços que fumava por dia

Histórias reais mostram os males do cigarro

A intenção era chocar e conscientizar o telespectador de que o hábito de fumar só traz malefícios para a saúde. De certa forma, foi isso o que conseguiu a campanha contra o tabagismo realizada pelo Ministério da Saúde e criada pela Master Comunicação e Marketing.

As propagandas, veiculadas de maio a agosto, mostravam o problema por vários ângulos. Uma delas dava voz a um traficante, que dizia que o cigarro é tão prejudicial quanto as outras drogas. O outro comercial era narrado pelo jornalista José Carlos Gomes, de 64 anos, impossibilitado de andar por problemas circulatórios surgidos em razão do acúmulo de nicotina no sangue. As duas propagandas tinham como meta que tanto adultos quanto adolescentes analisassem e discutissem as consequências do cigarro para o organismo.

O objetivo da campanha, até certo ponto, foi alcançado. Em uma pesquisa realizada com 2.045 pessoas, verificou-se que 34,48% dos entrevistados a consideraram ótima ou boa. Uma parcela maior (29,28%) considerou o filme chocante, forte ou agressivo. Ainda neste universo, 10,03% enxergaram um objetivo claro e direto na campanha e 8% classificaram a propaganda como triste ou deprimente.

"Esse é o melhor modo de transmitir a mensagem. Mostrar aos jovens o que pode acontecer caso ele inclua o cigarro em sua vida", conclui Pedro Ariant, diretor de Atendimento da Master.

O jornalista José Carlos Gomes começou a fumar ainda jovem, buscando a sensação de liberdade e bem-estar. Na década de 80, exames mostraram que ele sofria de tromboangeíte obliterante – doença que obstrui as veias e artérias, impedindo a circulação sanguínea.

A solução foi amputar as duas pernas. Anos mais tarde, Gomes sofreu um derrame que fez com que ele também perdesse os movimentos dos braços. "Se eu pudesse voltar no tempo, com certeza optaria por não fumar", afirma.

Francis Tordin

Telegrama do então ministro da Saúde José Serra na ocasião do falecimento de meu pai, em 25 de outubro de 2000.

sim — de valorizar o momento feliz que viviam e tudo fazer por merecê-lo e conservá-lo. Afinal, a família agora era maior.

O Rio, porém, não lhe saía da memória. Em sua sala, afixados em vários pontos, quadros com recortes de sua coluna "Teen Age" — que exibia, orgulhosamente, como troféu. Bebia cada vez mais, e então já atingira a espantosa marca de quatro maços de cigarro consumidos por dia. Nos estados etílicos, que eram frequentes, costumava evocar lembranças do Rio de Janeiro, as festas, o glamour dos salões, a sua querida Avenida Teen Age no Iate. Nesses momentos, destravava a língua amortecida pelo álcool com frases desconexas, na companhia dos amigos de copo e mesa: "Vasco da Gama... Rio de Janeiro... *Correio da Manhã*... Que saudade... Minha coluna social... Vocês são minha vida."

Com os crescentes descontentamento e desconforto diante da velada hostilidade dos colegas, começou a se sentir perseguido, e não demoraria a que sua situação na Volkswagen evoluísse para uma iminente ruptura. Era do seu temperamento. Passara a ser visto como "protegido" do diretor. Diante das insinuações sobre a estreita amizade com Garnero, um dia desabafou: "O Mário é como um irmão para mim e, agora que é meu compadre, todos me olham diferente, como se tivesse conquistado tudo o que tenho não por mérito meu, mas sim porque sou o 'compadre do diretor'." Minha mãe se afligia e, como seria sua marca pelo resto da vida, procurava apoiá-lo, incentivando-o a não esmorecer, a não dar importância àquelas fofocas. Tinha de encontrar uma solução para aquele momento difícil.

Meu pai passou, então, a buscar uma saída. Outro ramo de atividade; um negócio, talvez. Decidido a se livrar daquele incômodo, pediu demissão da fábrica, não sem uma longa conversa com seu protetor e inconformado compadre Mário Garnero. Explicou que não havia mais clima para permanecer, dada a indisfarçada hostilidade de seus colegas, razão por que, muito a contragosto, resolvera partir. O amigo tentou — inutilmente — dissuadi-lo. Em vão. Meu pai dispunha de uma folga financeira — o equivalente, então, a dois apartamentos de dois quartos — e lhe ocorreu comprar uma lanchonete, algo que já tinha em vista, no balneário de Guarujá, no litoral paulista. Preferiu, no entanto, conservar seu capital, para tocar o empreendimento, e contraiu um empréstimo no hoje extinto Banco Nacional — num montante correspondente ao valor de três apartamentos, na cotação da época. Assim, no início de 1977, estávamos instalados na praia de Pitangueiras, com a lanchonete Caros Amigos, nome tomado da música de Chico Buarque de Holanda, já em funcionamento.

Nem tudo, porém, saiu como programado. Um pouco por falta mesmo de planejamento, outro tanto por inexperiência num ramo para o qual não revelara qualquer aptidão. O principal fator, no entanto, estava oculto, encravado na alma. A sombra do passado, a frustração das conquistas perdidas, a morte da coluna no *Correio da Manhã* e a perda do próprio jornal, e a posição desprezada na Volkswagen continuavam a corroê-lo. Para fugir dos fantasmas, afogava-se no álcool e no cigarro, e a cada dia se suicidava um pouco mais. Assim, não foi surpresa o que viria a seguir. A inapetência pelo negócio se revelou no primeiro momento. Não tinha o menor interesse na nova atividade. Pior, omitia-se no papel de comandante. Coube a minha mãe tocar o estabelecimento, afinal.

Quando devia ficar à frente do trabalho, meu pai evadia-se para um canto da lanchonete, ocupava uma mesa e, em pouco tempo, quase desaparecia entre garrafas e maços de cigarro. Para desespero de minha mãe, esgotada no esforço inútil de chamá-lo à vida, suportando com estoicismo e impotência aquele drama, ele costumava cercar-se de alguns fregueses e oferecer-lhes rodadas e mais rodadas de chope. Depois, retirava-se e dormia a tarde toda. Algumas vezes, nem aparecia. Ficava em casa mesmo ou se enfiava num bar do bairro.

O fim não demoraria. Acumulando prejuízos, garroteada pelas dívidas, a lanchonete não conseguiu honrar a crescente dívida junto ao Banco e aos fornecedores. Faliu. E pior. Descobriu-se tarde demais que os documentos daquela transação comercial eram fraudulentos. Comprada de terceiros, o verdadeiro proprietário nunca assinara o termo de cessão dos direitos do ponto, de modo que, uma vez falido o estabelecimento, meu pai não pôde passá-lo adiante. Sequer pôde, portanto, levantar algum recurso que aliviasse as perdas. Simplesmente, a loja voltou ao dono. Da noite para o dia, meu pai perdera tudo. Ruía por terra o sonho de uma vida inteira. Estava novamente nu no deserto.

Mais uma vez veio em seu socorro o compadre de velhos carnavais, que já o ajudara por duas vezes a sair do aperto, Mário Garnero. Ele agora dirigia o Brasilinvest, banco de investimentos que fundara em 1978. Meu pai contou-lhe a história da frustrada experiência com a lanchonete. E novamente o amigo o socorreu, levando-o para trabalhar ao seu lado e lhe dando um cargo de assistente da diretoria. Continuávamos em São Bernardo, e meu pai se deslocava todos os dias para São Paulo. Também escrevia no jornal interno do Brasilinvest e, por um curto período, integrou uma equipe do Fórum das Américas, que promovia eventos culturais. Dava a impressão de estar enfim nos trilhos para recomeçar a vida.

No entanto, já não era o mesmo. Estava sempre triste, desgostoso e abúlico. Mergulhado numa depressão acachapante, nada lhe tinha mais sentido. Aquele homem zeloso, que cumpria suas tarefas com responsabilidade e determinação, apesar dos desregramentos da vida pessoal, aquele homem cativante, que espalhava alegria e entusiasmo na mesa de amigos, eufórico, vendo as beldades desfilarem pela Avenida Teen Age, desaparecera na poeira do tempo. Vivia mortificado, com um ácido sentimento de perda, de oportunidades desperdiçadas, incapaz de aproveitar a nova chance que lhe caíra às mãos. A derrocada não era apenas material. Esvaía-se, com o restante dos sonhos, sua própria dignidade. O cigarro e o álcool haviam se tornado um ritual compulsivo e, pouco a pouco, minavam seu corpo. Para tormento da família, transformara-se num alcoólatra crônico e num tabagista inveterado.

Trabalhava de manhã, saía para almoçar num restaurante da redondeza — e não voltava mais. Almoçar talvez seja força de expressão. Passava a tarde bebendo e consumindo maços de cigarros. À noite, quando chegava em casa, sempre em estado deplorável, tinha o regaço de minha mãe para ampará-lo, exaurida no sofrimento, no infortúnio, mas disposta a confortá-lo, sem sucumbir às intempéries, sem se entregar ao profundo golpe sofrido por nossa família.

Em 1979, meu pai nos levava de carro a uma churrascaria em São Bernardo quando se chocou contra um ônibus. Estava embriagado e teve ferimentos graves. Minha mãe e eu tivemos apenas escoriações. O acidente lhe custou mais de três meses de internação e praticamente o incapacitou ao trabalho. Novamente, a generosidade do amigo das horas mais difíceis não faltaria. Mário Garnero não apenas arcou com as despesas do hospital como também manteve o salário de meu pai, recluso em casa, sem trabalhar, desde o acidente até sua aposentadoria, em 1983, obtida por seu irmão Fernando, que recorrera aos gestores da massa falida do *Correio da Manhã*.

Começava então sua última descida.

Até as pedras se encontram

Antes, no carnaval de 1976, meu pai, então com 40 anos, conheceria o irmão biológico Fernando Rangel, que morava no Rio. A descoberta e o encontro conjugam persistência e acaso.

Fernando tinha 4 anos quando José Carlos nasceu, e conta que guardou na memória o nascimento do irmão. A história que ouvia da mãe, Rita Rangel, sobre o destino desse irmão, difere radicalmente da contada por meu pai, a única que sempre admitiu, e que lhe foi relatada por Maria de Lourdes Gomes, a mãe adotiva.

Transcrevo o depoimento que meu tio, Fernando Rangel, entregou-me, por escrito, após a morte de meu pai:

Eu tinha 4 anos quando meu irmão nasceu. Minha mãe, com poucos recursos, morava numa pequena casa nos arredores da cidade. Levávamos uma vida bem modesta, com os parcos recursos que ela conseguia fazendo pequenos serviços. Logo dei falta de meu irmão. Minha mãe não ficou com meu irmão. Pouco depois, nos mudamos para Petrópolis, onde ela foi trabalhar como camareira num hotel da cidade. Cresci com a lembrança dele na cabeça. Quando eu estava com meus 11 anos, ela me contou que teria deixado meu irmão em Campos, com Maria de Lourdes, porque não tinha condições financeiras de criar nós dois. E foi com muito esforço que ela me deu os estudos fundamentais, que consegui completar, já então trabalhando, até me formar em direito. Transferi-me logo depois para o Rio de Janeiro, onde moro até hoje.
Procurei por meu irmão por quase quarenta anos. Sem rumo, sem saber ao menos onde poderia estar morando ou que desfecho teria esta história, seguia uma pista errada. Fixei-me no sobrenome Rangel e mal poderia imaginar que, morando no Rio de Janeiro, estive tão próximo de José Carlos Gomes, meu irmão. Nem que ele assinava uma coluna no Correio da Manhã, minha leitura diária. Com a vida arrumada, advogando na cidade, casei-me e tive três filhos, constituindo uma família feliz. Faltava, no entanto, um elo.

Meu irmão não me saía da cabeça. Um dia, minha mulher, Nilma, chegou com uma notícia que me encheu ao mesmo tempo de esperança e temor, tão improvável quanto insólita para ser verdade. Por meio de amigos, ela ficou sabendo da história de Maria de Lourdes Gomes e conseguiu o seu endereço na Tijuca, onde morava sozinha numa casa humilde. Fui imediatamente à sua procura. Ela me recebeu amavelmente, embora com uma desconfiança inicial. Contei-lhe a história que conhecia do meu irmão, senti que lhe transmiti confiança, já que o básico da história — o local do nascimento, o nome da mãe biológica — coincidia com o eixo do fato real. Soube então que ele não morava mais no Rio, tinha se transferido para São Paulo, onde trabalhava na Volkswagen, e ela, então, me deu o telefone dele.

De volta, telefonei para a fábrica da montadora. Quando ele atendeu, eu me identifiquei: "José Carlos, meu irmão querido, que tanto procurei, aqui é o Fernando, seu irmão do Rio de Janeiro." Por alguns segundos, ficamos mudos, eu com o choro preso na garganta. Conversamos por longo tempo. De repente, parece que queríamos reviver naqueles minutos, separados pela distância e o desencontro, o longo tempo em que estivemos separados. O destino reparava agora a saudade sem rostos definidos, que por quarenta anos me perseguiu. Apagava também aquela frustração de não termos crescido juntos, de gostar das mesmas coisas, comemorar nossos aniversários e nossas festas familiares. Marcamos, então, um encontro no Rio, em minha casa. No carnaval de 1976, meu irmão veio nos visitar com a família, uma linda família. Ele, Vanderci, a pequena Luciana, então com 2 anos, e a mãe adotiva, Maria de Lourdes, que então já morava com eles em São Bernardo. Foi um encontro emocionante, transcorrido entre choros contidos e sorrisos de felicidade. D. Lourdes permanecia o tempo todo ao lado de José Carlos, seguindo-o nos mínimos movimentos. Parecia uma leoa acuada defendendo o filhote.

Convidei meu irmão a irmos juntos visitar nossa mãe biológica, Rita Rangel, que voltara a morar em Campos, depois de alguns anos em Petrópolis. José Carlos, porém, não quis conhecê-la. Não insisti. Conhecia suas mágoas, embora interiormente lamentando a oportunidade perdida de, por fim, fechar, sem ressentimentos, aquela corrente de elos partidos. Saímos para festejar num restaurante. Divertimo-nos muito. José Carlos falou com brilho nos olhos sobre o seu tempo de colunista do Correio da Manhã, das festas fabulosas, das figuras da sociedade que conhecera e de sua mudança para São Paulo. A celebração do encontro foi a caráter, regada a farta bebida. Os excessos quase empanaram a alegria daquele momento. Em casa, fui repreendido por Nilma, minha mulher.

José Carlos foi embora e nunca mais nos vimos. Os contatos que tivemos depois eram sempre por telefone. Falávamo-nos com frequência, eram longos papos, em comum a sensação de nunca ter tido saciada aquela saudade de um tempo nunca vivido e que ocupou um espaço importante na minha imaginação. Desta vez, o destino nos separaria em definitivo, apenas com o intervalo para encenar o último ato da tragédia de meu irmão. Foi muito dolorosa a maneira como meu irmão se despediu da vida. Queria do fundo do coração que esse desfecho fosse diferente. A lembrança dos momentos que jamais voltarão só reforça em mim o sentimento de amor fraterno, na maior parte vivido na memória, que levarei comigo para o resto da vida. Meu irmão, sangue do meu sangue, deixou uma sobrinha maravilhosa, que sempre vem me visitar, e uma cunhada adorável, guerreira, que nunca faltou com seu apoio e seu amor desprendido a meu irmão, com as quais sempre mantenho contato.

Não culpo nossa mãe Rita, nem Lourdes, mãe adotiva de José Carlos. Dentro da realidade, dentro do mundo cercado de carências e dificuldades em que viveram, elas cumpriram bem os papéis que o destino lhes reservou. Usando as armas do amor e da entrega, ambas visaram apenas ao nosso bem, sempre enfrentando obstáculos quase intransponíveis. Quis o destino que a história fosse escrita com enredos diferentes.

Onde quer que esteja meu irmão, que esteja iluminado como a estrela que sempre foi. Um dia haveremos de nos encontrar em algum outro plano, e finalmente encontrar a paz.

Cigarro e álcool, os inimigos inseparáveis

Abatido moralmente e imobilizado, sem meios de reagir, o agravamento do estado de espírito de meu pai caminhava no mesmo ritmo de sua decadência física. Nossa vida virara um inferno. Vivíamos em função dos achaques e das crises que o acometiam. A aposentadoria por motivo incapacitante era o atestado de seu fracasso — e isto o deprimia ainda mais. O orçamento da casa sustentava-se graças ao reforço de minha mãe, que trabalhava numa clínica de São Bernardo.

Debilitado pela doença que já se instalava, com as forças progressivamente falhas, sentia-se inútil. Refugiava-se cada vez mais no cigarro e no álcool. Seu temperamento mudara radicalmente. Ficou agressivo.

Perdia a paciência com as coisas mais prosaicas, era intolerante, sem poupar a própria família, e recorria frequentemente ao palavrão. Para contrabalançar essa avalanche de contratempos, minha mãe personificou a entrega total. Transformou seu tormento num refúgio de renúncias e redobrada dedicação. Nossos cuidados com ele tinham de ser redobrados, e, como não podia deixar de ser, sempre penosos, diante de sua rebeldia contra tratamentos e de sua revolta pelo estado em que se encontrava.

O cheiro do tabaco empesteava a casa. Por todo canto havia tocos de cigarro. Seus dedos acabaram encardidos pela impregnação da nicotina. Quando as manchas ficaram mais escuras, quase marrons, chegamos a usar palha de aço para removê-las. Fumava até na hora de se deitar; e chegou a adormecer com o cigarro aceso entre os dedos. Com a queda de fagulhas, ou do próprio toco, os lençóis amanheciam queimados, e incontáveis vezes tivemos de intervir para evitar que atingissem o colchão, com consequências imprevisíveis. O vício alcançou tal dimensão que meu pai chegou ao absurdo de consumir quatro maços, às vezes cinco, oitenta ou cem cigarros, por dia — algo inimaginável. E com a inseparável companhia do álcool. Era inevitável, assim, que aquele inimigo, que se aninhara no corpo, acabasse por corroer, peça por peça, todas as suas resistências físicas e morais, instalando-se em seus órgãos vitais como bombas-relógio.

Apesar de sua relutância ao tratamento, nós o cercamos de todos os cuidados médicos. Os primeiros exames já prenunciavam os efeitos devastadores que a nicotina e a bebida produziriam aceleradamente em seu organismo. O comprometimento do corpo era geral. As veias dos membros inferiores apresentavam manchas escuras, com aspecto deformante, e havia ainda os inchaços nas extremidades das pernas. Foram constatadas, de início, arterite (inflamação das artérias) e vasculite (inflamação de pequenos vasos sanguíneos). A extensão do mal, contudo, era maior. Num dos primeiros diagnósticos, o médico explicou que o tabagismo atua de maneira sinérgica com outros fatores de risco, como hipertensão arterial, sedentarismo e obesidade, e que pode ser elemento acelerador da arteriosclerose estabelecida, além de facilitar o surgimento da doença vascular periférica. E mais: 90% das ocorrências de doença vascular periférica obliterante — diagnóstico que lhe caberia, posteriormente — relacionavam-se ao hábito de fumar cigarros. Em sua composição, o fumo tem várias substâncias capazes de provocar lesão direta ou indireta no sistema vascular. A vasoconstrição periférica da nicotina pode ser verificada na queda da temperatura das mãos e dos pés — o que pode ocorrer entre meia e uma hora após o consumo de apenas um cigarro.

Os resultados dos exames a que meu pai foi submetido apontaram que o vício de fumar, agravado pelo excesso de consumo de álcool, fora fator preponderante das patologias que apresentou, assim discriminadas: hipertensão arterial sistêmica, insuficiência arterial periférica e suas complicações como gangrena, insuficiência cérebro-vascular e as sequelas daí decorrentes (paraparesia).

Num reconhecimento tardio, meu pai uma vez comentou o que já pensava desde a adolescência, quando ingressou definitivamente no rol dos viciados em tabaco: "Achava charmoso fumar, mostrava independência e elegância. Fumava porque era viciado e precisava virar a noite trabalhando. Fumava porque estava nervoso. Fumei por mais de cinquenta anos porque não sabia qual seria o final da minha vida."

A doença avassaladora

A aposentadoria de meu pai, em 1983, após o acidente de carro em 1979, com as consequentes alterações em seu comportamento, mudou definitivamente o rumo de nossa família. Daí em diante, passamos a viver principalmente em função da doença, mas também de seus efeitos, manifestados em descontrole, revolta, angústia e ansiedade. Administrar aquela situação era penoso e desgastante. Uma tragédia sem fim.

Seu estado de saúde se agravava a cada dia. Mas não apenas isso. Também seu estado mental. O quadro que precedeu o ato final desse drama se desenhou em 1987, quando os diagnósticos médicos revelaram a extensão e a gravidade do problema. Continuávamos em São

Bernardo do Campo, e nossos dias — apenas aparentemente — iniciavam-se como outros quaisquer. Minha mãe tocava as obrigações da casa e logo seguia para o hospital onde trabalhava, enquanto eu ia ao colégio. Meu pai, por sua vez, mal terminava a refeição matinal, já estava no terceiro ou quarto cigarro.

Ficava ali, refugiado em si mesmo, enterrado em seu passado insolúvel, com a sombra do futuro incerto, como um pesadelo, martelando sua alma. Era assim o dia todo. Cigarro, bebida, cama. E então uma pausa. Para tudo se repetir à noite — o turno mais terrível dessa rotina. Um suplício, que abalava nossa já debilitada resistência. E tanto maior era o sofrimento quanto mais impotentes ficávamos ante aquele suicídio lento. A dedicação, o desvelo e o carinho com que o tratávamos, as palavras de alerta e de incentivo de minha mãe, e também dos amigos que restaram — nada o demovia da compulsão fatal; nenhum argumento o induzia a reduzir ou controlar o excesso de tabaco e bebida.

Sua impaciência chegava a extremos insuportáveis. Irritava-se com as coisas mais corriqueiras, fosse em casa, o barulho de um objeto que caísse no chão, fosse no vizinho, um choro ou algazarra de criança. Sobretudo o ruído do tráfego de veículos o mortificava. A irritabilidade e a intolerância não raro o levavam a maltratar a própria família. Tomara-se de uma agressividade tal que reagia com palavras ásperas até a certos gestos e iniciativas de minha mãe, como quando diante dos apelos para que resistisse à compulsão irrefreável, para que tivesse calma e paciência, ou para que procurasse tratamento contra o vício. Eram palavras inúteis — óbvias e inaceitáveis — para quem perdera o gosto da vida, entregue, derrotado, já cego a qualquer luz no fim do túnel.

Pelo mal que lhe faziam e pelos incômodos que provocavam no ambiente familiar, o cigarro e o álcool passaram a semear e colher atritos entre minha mãe e meu pai. A casa vivia emporcalhada com as cinzas e os tocos que ele largava por onde passasse. Na janela, na mesa de jantar, na cômoda do quarto, na cama, sobre os livros dela, no quintal. Isso a aborrecia profundamente — e por uma razão especial: com paciência e afabilidade, repetidamente lhe pedia para evitar aquilo. Nunca era atendida. Daí que, nesses momentos, ele se irritava com as cobranças e reclamações, e logo descambavam para uma discussão em que a calava com sua agressividade.

Todos nós sofríamos. Entendíamos, porém, que o sofrimento maior era o dele, e não só por si, pela dor pessoal que experimentava, mas porque tinha consciência de que nos fazia sofrer também. Muitas vezes, assistindo aos maus-tratos que impingia a minha mãe, e que às vezes se estendiam a mim, eu ia para a escola aos prantos. Em plena adolescência, mas precocemente amadurecida pelas agruras familiares, não tinha ânimo sequer para sair com minhas amigas, e me sentia uma sacrílega nas raras ocasiões em que desejava usufruir dos prazeres da juventude. Como, se meu pai definhava? Ademais, ficava arrasada por não conseguir sensibilizá-lo ao menos para conversar sobre seu problema. Instigava-o a reunir forças e sair daquele abismo. Era frustrante. O médico fora bem claro. Só ele não alcançava o sentido da mensagem, tão explícita no diagnóstico, e reforçada pelo alerta de que era preciso dar um basta àquela corrida em direção à morte.

Numa certa manhã, servido o café, meu pai foi até seu quarto, no segundo piso da casa, para pegar um livro, cuja leitura recém iniciara. Ao descer, topou com o dedão do pé esquerdo numa quina da escada. O choque provocou uma forte dor, à qual, porém, não deu maior importância, pois logo passou. Dois dias depois, no entanto, o dedo estava completamente roxo. Minha mãe, que cursara três anos de medicina, tinha alguma prática em quadros clínicos, e fez logo o alerta: — *Bem* (era como o chamava), alguma coisa grave está acontecendo; precisamos procurar um angiologista o quanto antes, pois você está com a circulação comprometida e isto pode trazer sérios problemas.

Ela ainda se estenderia na argumentação — e ele finalmente acordaria para a dura e tenebrosa realidade.

Decidiu, então, procurar ajuda. No hospital de São Bernardo, onde minha mãe trabalhava, foi atendido, no setor de angiologia, por Mário Neas. Ao simples exame visual, o médico constatou o comprometimento geral do sistema vascular dos membros inferiores, o que apenas fora evidenciado pela topada. Os exames laboratoriais e radiográficos confirmaram seus prognósticos. As artérias apresentavam entupimento em diferentes graus, e o dedo encontrava-se em adiantado processo de necrose, o que conduz à morte localizada de tecidos do corpo. O diagnóstico do doutor Mário Neas era incisivo: o caso impunha cirurgia, com resultados deformantes. Sentimos o céu desabar.

A notícia arrasou o espírito já profundamente abatido de meu pai, que não se conformava com a incapacitação física. O sofrimento com as mazelas do corpo o deixava ainda mais atormentado. Era como se o tesouro, que um dia esbanjara nas noitadas glamorosas, tivesse escapado. Uma sensação de derrota, evidente, ao constatar que "agora já era tarde" para qualquer reparação. Cada pormenor daquela juventude sadia, que imaginava eterna, consumida entre alegres baforadas de cigarro e goles inebriantes de uísque, fazia-lhe falta naquele momento crucial. Seu mundo agora era uma densa bruma de nicotina. Para dissipá-la, mesmo que momentaneamente, num golpe de ilusionismo, só a companhia do álcool — a "purpurina" do falso prazer, que brilhava na densidade de sua treva. E era assim que fugia dos presságios do fim, escondendo-se ainda mais dentro de si. Sentia-se um caco. Suas lamentações nos compungiam. Sofríamos com ele. Impotentes, manifestávamos uma solidariedade que era apenas isso, um sentimento alheio, um gesto pesaroso de terceiros, que, se por um lado era um bálsamo para o espírito, por outro não passava de um gesto aleatório, que em nada abrandaria sua dor física. Nenhuma palavra de apoio, nenhum apelo à coragem, nenhum incentivo, nenhum exemplo de força moral, de persistência na peleja até a vitória final — nada aplacava sua revolta e sua amargura. Nada do que pedíamos ou sugeríamos podia minimizar sua dor.

De acordo com a recomendação do médico, levamos meu pai para São Paulo, onde foi internado no Hospital Heliópolis. Era março de 1987. Ali começava o epílogo de uma penosa história. Psicologicamente, transformara-se num lamento ambulante. Lamentava as perdas — da saúde, do sucesso, dos amigos — e praguejava contra a impossibilidade de voltar a ser apenas parcela daquilo que um dia fora.

Ficou internado durante dez dias, submetido a exames e tratamentos preparatórios para a cirurgia. A intervenção cirúrgica, que durou cinco horas, ocorreu logo depois, em abril de 1987. A operação — a colocação de um enxerto — foi considerada um sucesso. Meu pai passou mais alguns dias no hospital, numa enfermaria comum, ao lado de outros pacientes também com problemas vasculares provocados pelo excesso de fumo, alguns, em condições bem piores, já de membros amputados. Depois, o levamos de volta para casa.

Ao longo do tratamento pós-operatório, e, reiteradamente, ao ter alta, o médico recomendou-lhe que abolisse de vez o cigarro. Tinha, diante de si, um espelho aterrorizante. Aqueles companheiros de enfermaria, semi-homens que a vida deixara pelo caminho, e com os quais compartilhava agruras, serviriam de alerta definitivo para que mudasse de hábito? Não. Restabelecido alguns meses depois, retomou sua rotina. Voltou a fumar e a beber. Todos os dias, ao acordar, após um cafezinho, vinha o primeiro cigarro, e então outro. Não almoçava. Passava as tardes fumando. No jantar, a muito custo, comia alguma coisa. À noite, fumava até cair na cama, o que acontecia bem tarde. No leito, repetia, à exaustão, a prática do dia. Adormecia com o cigarro na mão.

Minha avó, Maria de Lourdes, viera morar conosco em 1976. Em 1983, porém, incapaz de conviver com os excessos do filho já aposentado, optou por se instalar em um asilo, em São Bernardo, onde, a 27 de agosto de 1987, com 79 anos, morreria. Meu pai, apesar de já recuperado da primeira cirurgia de enxerto, preferiu não ir ao enterro da mãe. Disse que não tinha condições.

Em 1992, decorridos cinco anos da cirurgia, e uma vez que não observara as recomendações médicas, alguns sintomas preocupantes reapareceram. Fortes dores e friagem na perna esquerda, decorrência da má circulação, pontas dos dedos arroxeadas e ausência de sensibilidade no local. Meu pai, chorando e maldizendo-se da sorte, queixava-se de dores e queimação nas extremidades. Não conseguia sentir a perna. "Às vezes, parece que está formigando" — dizia.

Procuramos novamente o doutor Mário Neas e o diagnóstico foi desanimador: a artéria tratada estava novamente obstruída. Nova cirurgia era necessária. E outra vez o levamos ao Hospital Heliópolis. E outra vez teria de ser operado. O novo enxerto, contudo, não foi bem recebido. Então, veio o pior. A gravidade do quadro exigia uma intervenção drástica. A perna esquerda teria de ser amputada. Foi chocante encarar aquela fatalidade. Amputar uma perna? Como seria a vida dele depois daquele trauma? E a nossa, diante daquela realidade? Angústia, desespero, os sentimentos mais extremos da dor que jazem latentes no fundo da alma — como reserva dos graus ainda não experimentados de sofrimento humano — de repente afloraram. Uma punhalada profunda.

Por exigência médica, minha mãe teve de assinar um documento que autorizava o procedimento. E assim foi. A perna esquerda foi extirpada. Em seguida, como num funeral, teve de ser enterrada — um ritual muito doloroso. Dias depois, fomos buscar meu pai no hospital. Um dos momentos mais marcantes de minha vida; choque brutal. Ouvir a explicação dos médicos sobre o quadro clínico do paciente era uma coisa. Ver meu pai naquele estado, porém, era algo bem diferente. Observá-lo — carregado pelos enfermeiros até o carro — foi destruidor. Entretanto, imperativo daquela situação dramática era dissimular a dor que sentíamos e arrancar as últimas reservas de forças para não sucumbir ao desespero. Ele não poderia perceber nosso abatimento; nossa — eis a palavra — perplexidade. No caminho de casa, tanto mais devastador foi ouvi-lo comentar que ainda sentia a perna perdida, e que tinha a sensação de que os dedos ainda doíam.

O martírio, no entanto, mal começara. Meu pai passou a ser um paciente difícil; especialmente difícil. Tínhamos de cercá-lo de cuidados e atender a seus caprichos a qualquer hora do dia ou da noite. Minha mãe e eu vivíamos em permanente estado de aflição. E assistíamos, impotentes, à reprise das práticas que já o haviam levado, duas vezes, à mesa de cirurgia. Contrariando mais uma vez as recomendações médicas, nem de longe pensou em abandonar o vício. Continuou fumando e bebendo. Consumia o absurdo dos mesmos quatro e até cinco maços de cigarro por dia. Uma compulsão da qual não conseguia — sequer tentava — libertar-se. E qualquer tentativa de demovê-lo dessa loucura resultava numa crise. Sua impaciência e sua agressividade atingiam agora extremos insuportáveis. Passava o dia deitado, o que agravava ainda mais sua depressão. Irascível, irritava-se sob qualquer pretexto. Se não fosse atendido no que pedia, no momento em que pedia, exaltava-se, enchia-se de fúria, e disparava palavras pesadas contra quem o contrariasse. Tornamo-nos prisioneiras dele. Para não exasperá-lo ainda mais, tínhamos de lhe fornecer até o álcool e os cigarros proibidos. Parecia ter perdido a noção de sofrimento, pessoal e alheio. A dimensão da doença superara suas resistências, e era como se capitulasse, ou se auto-imolasse, apenas à espera do inevitável.

Apesar dessas agruras, nossa força, minha e de minha mãe, não envergava. Éramos, de certa forma, resistentes por nós e por ele. Tínhamos gana para lhe cobrir o desânimo. Por mais que nos machucasse com seus achaques e reações intempestivas, por maior frieza e indiferença que demonstrasse quando atendido nos curativos ou em suas absurdas exigências, nunca o destratamos e nunca nos maldissemos de nossos pesados encargos.

Eclipsado na penumbra do seu universo, ele ainda era o sol em torno do qual nossa vida girava. Sempre procuramos ter a maior compreensão para com sua dor; entendíamos tudo como próprio de seu sofrimento. Até seu desespero. Na verdade, meu pai, habitualmente comedido, nunca demonstrava explicitamente seus sentimentos. Quando fosse o caso, nessas ocasiões tudo nele se resumia a simples esboços de gestos. Esse comportamento — assim o compreendíamos e o aceitávamos — decorria de sua formação, desenvolvida sobre as incertezas de sua origem e consolidada nos traumas decorrentes de tantos sonhos frustrados. Assim, talvez como uma missão encampada, em nenhum momento deixamos de respeitar sua desdita. Acima de tudo, jamais deixamos de tratá-lo com carinho e dignidade. Nunca lhe faltamos. Confortava-nos saber que, apesar de sua personalidade absolutamente hermética, ele percebia isso. A seu jeito, quando calmo, demonstrava o afeto que nunca deixara de sentir.

Corria o ano de 1993 e, por orientação médica, meu pai iniciou um tratamento fisioterápico. Preparava-se para receber uma prótese na perna amputada. Minha mãe o levava de carro, três vezes por semana, a uma academia em Santo André, cidade próxima a São Bernardo. Numa das idas, ouvindo rádio, escutou o comentarista falar de um encontro nacional de marketing no Rio de Janeiro; e qual não foi sua surpresa — imensa alegria — ao descobrir que quem discorria sobre o evento era seu amigo dos anos dourados, Jomar Pereira da Silva?

Meu pai ficou muito emocionado e feliz. De volta da fisioterapia, enviou um fax para a rádio, endereçado a Jomar — que assim narra aquele reencontro:

> Anos e anos se passaram desde que perdi contato com o José Carlos. Um belo dia, recebi um telefonema de um funcionário da CBN, onde eu mantinha um programa diário sobre marketing, avisando-me que havia chegado um fax de São Paulo, em meu nome. Pedi, então, que me repassassem a mensagem. E, para minha grande surpresa e alegria, era uma notícia que contava o paradeiro do meu antigo amigo.

Jomar, então, foi visitá-lo em São Paulo. Um momento tocante o do reencontro, agora num quadro totalmente oposto àquele que compartilharam, por anos, no Iate Clube do Rio, nos restaurantes e nas boates de uma cidade que vivia, esplendorosamente, seus últimos anos de capital federal. Passaram o dia juntos. Tempo suficiente para que esgotassem as evocações mais queridas. Uma jornada inesquecível, que ambos, naquela altura, jamais poderiam imaginar. "Tive um forte impacto ao ver meu amigo com uma perna amputada. Consolava-me o fato de ter percebido a presença de uma família carinhosa e dedicada, sempre ao seu lado" — comentaria depois. Desde então, manteve contato frequente conosco, com sua habitual generosidade, sempre prestimoso.

Conseguimos, felizmente, que meu pai seguisse as orientações do tratamento. Ia às consultas periódicas, refazia os exames solicitados e frequentava regularmente as sessões de fisioterapia. A outra rotina, porém, a maligna, que deveria abandonar, mantinha-se, insidiosa, em silêncio, corroendo o que lhe restava de energia. Por um tempo, até sinalizou com uma aparente trégua. Tudo, supúnhamos, caminhava para uma estabilidade. Ele se mostrava mais animado, e até seu ar soturno se desanuviou, descortinando alguma claridade.

De repente, contudo, passou a sentir fortes dores — desta vez, na outra perna. Nesses momentos, desesperava-se e, descontrolado, retomava a velha agressividade. Nas pausas da aflição, mergulhava em si mesmo, horas e horas calado, como se estivesse ausente do próprio corpo, volatilizado no espaço. Quando a dor voltava, exasperava-se e, no auge do sofrimento, reclamava aos berros, chorando compulsivamente. O ambiente em casa tornara-se insustentável, com um aspecto funesto e opressivo. Estávamos num beco sem saída; na verdade, numa cidadela indefesa, oprimida pelo desespero que não emanava apenas de meu pai — mas de nós todos. Estávamos à beira de um colapso emocional. Afinal, aquela dolorosa carga agora se transformara em rotina. O ar pesava, e a dor que vinha das imprecações de meu pai nos atingia de maneira sufocante. Aquilo que poderia se chamar de "um mínimo de alegria", decididamente, evadira-se para longe.

Não demorou para que o estado de meu pai se agravasse. Os sintomas da arterite se repetiram na perna sadia. Minha mãe e eu não acreditávamos. Teríamos de percorrer o mesmo calvário; quem sabe, com o mesmo desfecho. Era um pesadelo que regressava. Se já era difícil administrar a situação corrente, como seria doravante caso a tragédia viesse em dobro? Minha mãe o levou ao Hospital Ipiranga, onde seria internado novamente, pelo mesmo problema. Avisado da situação, Jomar apareceu pouco tempo depois. Vinha do Rio prestar-lhe solidariedade e oferecer ajuda. Aqueles momentos que passamos no hospital à espera do diagnóstico se transformaram numa alucinação. Parecia que estávamos diante de um relógio enlouquecido, em que cada minuto demora uma hora, cada hora um dia, cada dia um mês, um ano. Uma eternidade. Imersos naquele silêncio, um presságio sinistro — o pior possível — enchia-nos de temores.

A perna que lhe restara, a direita, tinha o aspecto de uma bexiga, tomada de bolhas de alto a baixo. Sentia muitas dores, tanto mais agudas quanto mais deitado ficasse. A posição horizontal o incomodava de tal maneira que mal conseguia dormir. Quando o cansaço o vencia finalmente, adormecia na cadeira em que passava a maior parte do tempo, como um prisioneiro acorrentado a seu próprio sofrimento. Só experimentava algum alívio ao ter a perna suspensa por um suporte na lateral da cama. Não era apenas a dor que o atormentava, mas a desgraça de carregar um membro morto no corpo vivo. Seria o caso, mais uma vez, de cirurgia — informaram os médicos.

A seguir, recebemos o laudo conclusivo dos exames: "Relatório da cirurgia em 18 de junho de 1993, por doutor Pitelli. Diagnóstico pré-operatório: gangrena do pé e da perna direita. Tipo de cirurgia: amputação de um terço inferior da coxa direita."

A operação teria de ser procedida em caráter de urgência.

Um abalo ainda mais arrasador que o primeiro. Havia, também, uma coincidência trágica na data marcada para a cirurgia, pois, no mesmo dia, 57 anos antes, meu pai nascia em Campos. No dia de seu aniversário, teria amputada a segunda perna. Viraria um meio-homem, só tronco e braços — um cotoco humano. Que augúrio haveria na coincidência das datas? E como administrar essa nova realidade? De que estrutura, humana e material, seria necessário dispor para assistir a um inválido naquelas condições, imobilizado numa cadeira de rodas, e que agora, para sobreviver, dependeria da ajuda de terceiros?

A crueza daquela nova etapa me levou muitas vezes a refletir sobre os enigmas que regem a vida: quais forças nos impelem os rumos? Quais escolhas nos induzem a escrever nossa própria fatalidade? Ou o contrário: seria o destino, já traçado ao nascermos, que iria ao nosso encontro? Penso na história de meu pai e no triste fim a que foi conduzida tendo ele próprio como timoneiro. Um homem que esbanjou quanto pôde sua saúde; que minou homeopaticamente seu trajeto com o veneno do fumo e do álcool. Quando, no meio da caminhada, apareceram os primeiros sinais do perigo, não hesitou. Seguiu em frente. A coragem que demonstrara tantas vezes diante dos desafios da vida sucumbia ali, na impotência, na incapacidade de fugir do abismo. Afundava-se sempre e sempre, até que o corpo não respondesse mais aos remendos com que a medicina procurara amenizar os danos decorrentes dos excessos. Já era tarde.

Nessas horas, sob o peso de um duro fardo, não há como evitar o pensamento óbvio. Diz-se que colhemos aquilo que plantamos. Por não respeitar sua saúde e o quanto a vida é preciosa, por não entender os limites do corpo, meu pai pagou um preço alto demais. Não havia mais lugar para remorsos e arrependimentos. Num de seus mais belos poemas sobre o tempo e a fugacidade das coisas, Mário Quintana cunhou esta estrofe:

> A vida é o dever que nós trouxemos para fazer em casa.
> Não faças da tua vida um rascunho.
> Poderás não ter tempo de passá-la a limpo.

Para meu pai, os versos do poeta vinham tarde. Chegava ao fim de uma jornada sem volta. A juventude, o glamour e o charme dos salões, o prestígio na coluna do jornal, a saúde perdida. Quando acordou, tinha apenas o passado. Passageiros que somos, passamos no comboio do tempo — que permanece em sua perenidade cósmica. Para ele, naquele momento, o passado era apenas o passado.

A volta ao lar foi um dos momentos mais dolorosos. Tivemos de reorganizar completamente nosso cotidiano. Para atender às novas necessidades de meu pai, muito mais complexas, precisamos readaptar usos e costumes. Pouco a pouco, porém, adaptou-se. Com paciência e zelo, minha mãe ensinou-o a se barbear e a tomar banho sozinho, num assento especial colocado no banheiro. Aprendeu também a manejar melhor a cadeira de rodas, e assim reduziu a dependência de terceiros. Para nossa alegria, um bálsamo diante de tantos infortúnios, parecia mais animado. Diante da sequência de desastres, receoso de perder os braços, parou de fumar. Reagia sempre positivamente a suas limitações. Recuperara alguma coragem, e já falava de seu desejo de escrever um livro sobre sua vida. Possuía farto material na memória e uma preciosa coleção de fotos. Às vezes, batia-lhe uma tristeza indefinida, e então soltava frases que exprimiam amargura e frustração. "Ainda não cumpri minha missão" — dizia. "Antes de morrer, ainda vou ficar famoso, como na juventude" — completava. E, para nosso espanto, não raro manifestava desejo de trabalhar novamente. Era um sonho impossível, mas que o deixávamos alimentar, na expectativa de que o ajudasse a levantar seu ânimo.

Um laudo médico, porém, expedido na ocasião pelo doutor Cláudio Theotônio Leotta de Araújo, professor de psicopatologia forense, pôs um ponto final naquele desejo:

> Conforme registrado em nossos exames, mesmo com as pernas amputadas e com hipertensão arterial, o Sr. José Carlos Gomes ainda expressava vontade de viver, de trabalhar e, quem sabe, escrever um livro contando sua história de vida. Instalada a depressão duradoura e de forte intensidade, todas as manifestações assumiram grande

magnitude, solapando sua vontade, inviabilizando qualquer possibilidade de realizar qualquer tipo de atividade.

Uma coisa nos surpreendia. Mesmo ante o sofrimento e as limitações do corpo reduzido à metade, vaidoso como era, não se queixava mais de seu infortúnio. Eu e minha mãe nos condoíamos ao imaginar o choque brutal que aquelas deformações deviam provocar em seu íntimo. Ele, no entanto, nunca desvendou seus pensamentos — hábito que vinha da juventude, quando escondia dos amigos sua verdadeira origem —, tampouco externou seus sentimentos.

Em 1993, com 19 anos — graças, mais uma vez, ao meu padrinho e amigo da família, Mário Garnero —, consegui um emprego na Brasilinvest. Até então, só minha mãe trabalhava para manter a casa; encargo que, mais tarde, caberia a mim. Insistentemente, meu pai falava em seu desejo de voltar a São Paulo. Acabamos concordando e, durante algum tempo, tentamos, sem sucesso, consumar o projeto. Dois anos depois, ele conseguiu vender o imóvel em São Bernardo, e compramos uma casa nova em São Paulo, para onde nos mudamos em seguida.

Foi uma operação traumática, cercada de muita tensão. A casa estava inacabada, e assim tivemos que ocupá-la com as obras em curso. Durante um mês, compartilhamos nossa intimidade com pedreiros, entregadores de material, bombeiros e eletricistas. Um inferno. E minha mãe a administrar tudo sozinha, os cuidados com meu pai e o andamento da obra. O tumulto não tardou a afetar o ânimo de meu pai; agora, mais agressivo, intolerante e impaciente. Com os nervos à flor da pele, irritava-se por qualquer coisa. Como antes.

O nosso drama teria mais um ato doloroso. Era 1º de maio. O ano, 1997. Aproveitei aquele dia de folga em casa, ao lado de meus pais. Preparávamos o jantar, minha mãe e eu, quando notamos uma alteração na fisionomia de meu pai. Sua boca se contorcia. Socorrido, verificou-se que sofrera um acidente vascular cerebral, o temido AVC, que o deixaria hemiplégico do lado direito. Por fim, só lhe restara o movimento do braço esquerdo. A situação era crítica, o sofrimento, ainda maior — se possível for graduar uma agonia que foge a qualquer parâmetro. Sua dependência, agora, era total. Com o braço direito paralisado e o esquerdo semi-imobilizado, ele ocupava todos os momentos de minha mãe. Era ela quem lhe escovava os dentes, fazia-lhe a barba, dava-lhe banho e o colocava no assento especial para necessidades fisiológicas. Para alguns movimentos dentro de casa, meu pai tinha de ser carregado no colo. E ela ainda tocava todas as tarefas domésticas. Ficou, pois, num deplorável estado emocional, fisicamente esgotada. Arrasada, via escapar a esperança que nos restava, a de que a saúde de meu pai — ainda que num corpo mutilado — se estabilizasse.

Ainda em 1997, com o apoio da Adesf, meu pai processaria a companhia de cigarros Souza Cruz. Por desinteresse dos advogados da entidade, contudo, o processo não teve andamento.

Passamos o resto do ano num clima sufocante, assistindo, perdidos, à corrida inexorável do tempo. Uma questão exasperante nos desafiava: como satisfazer adequadamente, com meios tão precários, as necessidades vitais de meu pai, que, àquela altura, de todo desestruturara o núcleo familiar. Em 1998, um clarão surgiu no meio da interminável noite de trevas. E de novo o nosso anjo da guarda, meu padrinho Mário Garnero, socorreu-nos. Por sua sugestão, consentimos, felizes, em que internasse meu pai no Recanto São Camilo, uma instituição especializada em casos daquela natureza, localizada em Cotia, na Grande São Paulo.

Só havia, para nós, um inconveniente. Ele agora estava longe de casa, e tínhamos de vencer a estrada para visitá-lo. Ademais, os cuidados — essencialmente afetivos, sempre imediatos — que lhe dispensávamos seriam, doravante, atribuição de terceiros. Gente especializada, claro, mas, antes de tudo, profissional, que executava tudo profissionalmente — gente que, por humano que fosse, tratava de um estranho, alguém sofrido, sim, merecedor da melhor atenção, mas sempre um estranho.

Era um temor infundado, felizmente. Afinal, pelo que víamos nas visitas e notávamos nas palavras de meu pai, as equipes eram mais que atenciosas e prestativas, e executavam os procedimentos com amor, atendendo os pacientes com zelo e competência.

No fim de 1999, concluímos que, apesar do excelente tratamento que recebia ali, era preciso trazer meu pai de volta para casa. Seria melhor assim, avaliávamos, mesmo revivendo na memória as atribulações que enfrentamos durante as fases mais agudas de sua doença. Com a família, ele se sentiria mais confortável, mais próximo e feliz.

A fama que desejava reconquistar chegou um dia, embora não como a sonhava. O processo contra a Souza Cruz, que nunca abandonou, fora finalmente aberto, e a notícia logo alcançaria a imprensa. Os jornais e as emissoras de TV se fartaram. Por vários dias, e mesmo depois, com os desdobramentos da disputa, meu pai concedeu entrevistas e esteve no centro de várias reportagens. Segundo Mário César Carvalho, da *Folha de S. Paulo*, José Carlos Gomes teria sido "o mártir do cigarro no Brasil". Ainda que sentisse dores constantes e padecesse das sequelas da imobilidade — o que lhe restara de corpo se cobria de escaras —, atendia a todos os convites com disposição. Sentia-se na obrigação de mostrar na carne, expondo-se publicamente, o que o cigarro lhe causara.

Foi nesse momento, maio de 2000, que — conhecido nacionalmente — recebeu o convite do Ministério da Saúde, então sob a gestão de José Serra, para participar, com imenso destaque, da campanha nacional de combate ao fumo.

José Carlos Gomes na campanha contra o fumo

A campanha educativa do Ministério da Saúde contra o tabaco começou a ser veiculada em 18 de agosto de 2000. Imediatamente, em diferentes meios de comunicação, regulares e alternativos — jornais, televisão, rádios, outdoors, painéis, estações de metrô, rodoviárias, aeroportos, ônibus, folhetos etc. —, a história de meu pai rodou o país. A patética imagem de seu corpo reduzido à metade, montado como um trágico troféu no trono da morte, ganhou o mundo. Durante um mês, o Brasil foi tomado por uma mensagem que, mais do que um castigo bíblico, representava, implicitamente, a confissão de uma derrota. Sentado naquela cadeira de rodas, que lhe fazia o papel de pernas, rosto desfigurado por anos de sofrimento, voz já enfraquecida e rouquenha, ele dizia:

> A imagem do cigarro sempre me atraiu. Achava bonito, elegante, sedutor. Hoje, é essa a imagem que o cigarro me deu.

Patético. Chocante e doído. Muito triste.

Meu pai tornara-se famoso de novo. Não era a celebridade e a evidência que imaginara reconquistar um dia. Enfim, o país o conheceria agora... No ocaso da vida.

Ao menos, estava feliz. "Ficou ótimo" — declarava.

O Ministério da Saúde aprofundaria a campanha. Uma lei já exigia dos fabricantes a inscrição, nos maços, de uma mensagem que advertisse sobre os males decorrentes do fumo. Agora, seriam obrigados também a estampar fotografias de doentes vitimados pelo tabaco. Eram imagens terríveis. Sempre de figuras trágicas. Uma delas, meu pai. Essa foto, durante muito tempo, e até a proibição de qualquer propaganda de cigarro, esteve na vitrine de uma papelaria localizada no subsolo do Edifício Avenida Central, no Rio de Janeiro.

Em setembro de 2000, um telefonema da assessoria do Ministério da Saúde nos daria nova esperança, ainda que só momentânea, pois o mais terrível golpe — o fatal — estava ainda por ser desferido. A convite de José Serra, meu pai foi levado ao Rio, onde se submeteria a uma avaliação médica. O exame revelaria aquilo que já pressentíamos. Quinze dias antes, notáramos sinais estranhos em seu comportamento. A televisão, diante da qual ficava horas, assistindo especialmente aos jornais e aos programas de entrevistas, já não o interessava tanto. "Não tenho mais vontade" — comentava. Uma noite, já deitado, minha mãe foi ao seu quarto e acendeu a luz. *"Bem*, estou aqui" — disse. Ele se virou para o lado oposto e respondeu: "Sim, *Bem*, eu sei. Estou vendo." Minha mãe estranhou.

Fiz também alguns testes. Acendia a luz e lhe perguntava se a lâmpada estava acesa ou apagada. Para ele, mesmo acesa, a lâmpada estava sempre apagada. Ficamos estarrecidas. Como podia? O processo de cegueira foi se instalando, e ele ficou calado. Nunca se queixou, tampouco deu a entender que tivesse alguma dificuldade para enxergar. Talvez por vaidade — gabava-se, na juventude, de seu tipo físico —, talvez para evitar nova humilhação. Sem as pernas, um braço imobilizado, o outro sem forças — e então cego? Recusava-se a aceitar. Permanecia em silêncio, cada vez mais abúlico. Quanto à cegueira, embora, no fundo, não a admitíssemos, não havia mais dúvida. Não queríamos acreditar. Não podia ser verdade. E especulávamos sobre possibilidades menos traumáticas: quem sabe catarata, um estado avançado de miopia, astigmatismo.

Preservamos sua intimidade e jamais mencionamos nossas suspeitas. Procuramos, simplesmente, redobrar nossas atenções e nosso carinho. E, assim, minha mãe seguiu com ele para o Rio de Janeiro.

O diagnóstico dos médicos foi claro. Meu pai estava cego. Soubemos, então, a causa. Consequência de um novo AVC. Dessa vez, silencioso — o médico explicou. Assim, não pôde rever seu querido Rio, que jamais esqueceu. Não pôde curtir, enquanto o avião descia, a linda vista da baía de Guanabara, com a enseada de Botafogo, o Pão de Açúcar e o Cristo Redentor. Minha mãe apenas disse que já estavam pousando. Ele nada perguntou. E talvez reprisasse, como num filme antigo, na memória já borrada pelo sofrimento, a paisagem que sempre amara.

Permaneceria apenas 15 dias no Rio. Debilitado de um lado e imobilizado do outro, seus membros superiores não aguentavam mais as sessões de fisioterapia. O novo AVC, para além da cegueira, também afetara o cérebro. A visão era irrecuperável. Não havia mais o que fazer. Arrasada, sem chão, minha mãe o levou de volta a São Paulo. Ainda no aeroporto, porém, percebeu algumas reações incoerentes. De repente, do nada, ele pediu cigarro e disse que queria tomar champanhe.

Daí em diante, seu estado clínico só se agravaria, dia após dia. Chorava o tempo todo. Com a voz embaçada, pedia perdão pelos erros que cometera e pelos sofrimentos causados à família. Um sentimento miserável se apossou de mim e de minha mãe. Ficamos mortificadas. Era como se fôssemos espectadoras privilegiadas da morte que se aproximava. De resto, havia só a certeza de que aquela viagem se aproximava do fim.

Outubro de 2000 — o fim da linha

Aquele domingo de outubro nasceu nublado, um pouco frio para a época. Havia também um augúrio no que seria um longo e agitado dia para nós. Estava, desde a véspera, em São Bernardo, cidade onde me criei e que gostava de visitar de vez em quando, principalmente para rever minhas amigas. Uma vizinha nossa, dona Carmem, velha amiga de minha mãe, veio lhe fazer companhia. Meu pai acordou cedo. Tomou sua habitual papinha de leite e pão. Sorveu tudo, lentamente, até esvaziar a tigela. "Acabou?" — perguntou ele. Parecia feliz. Ficaram conversando, os três, no quarto.

Pediu que minha mãe lhe cortasse o cabelo e a barba (bem escanhoada, lembrou), serviço que ela completou lhe aparando também as unhas das mãos. Não perdia o gosto de se apresentar de forma impecável. A manhã transcorreria assim. O almoço foi servido em meio a uma animada conversa. Depois, ele se sentiu cansado e se recolheu. Elas ficaram no andar inferior e falaram da progressão da doença. Dona Carmem, como de costume, oferecia palavras de ânimo, embora minha mãe argumentasse que as esperanças estavam cada vez mais remotas. Ainda subiram ao quarto para ver meu pai, que despertara pouco antes e assistia a um programa na TV.

Ao anoitecer, foram à cozinha. Minha mãe prepararia a macarronada — um dos pratos preferidos dele. Tudo pronto, levaram-lhe o jantar, que comeu com gosto, em generosas garfadas que recebia à boca. Satisfeito, tomou refrigerante no canudinho. As duas desceram. Pouco depois, dona Carmem voltaria ao quarto, de onde imediatamente gritou: "Vanda (como chamava minha mãe), suba aqui correndo. O José Carlos está passando mal."

Ela subiu as escadas quase voando e, ao entrar, deparou-se com meu pai banhado em suor e tremendo muito. O serviço de resgate da prefeitura foi acionado. Eu chegava de São Bernardo do Campo naquele instante e encontrei a nova tormenta já formada. No centro do desespero, apoiei minhas mãos nos ombros dele e o sacudi levemente: "Pai, fala comigo. Você está me ouvindo?" Nenhuma resposta. Tremia sem parar; parecia delirar. O resgate chegou em seguida, prestou-lhe o primeiro atendimento e logo o levou ao hospital.

Na porta da emergência, os médicos que o examinaram — e que já conheciam seu caso — relutaram em prestar-lhe socorro. Fiquei chocada e revoltada. "Negar atendimento é crime. Vocês estão aqui para isso e meu pai vai morrer sem vocês fazerem algo?" — esbravejei, indignada. Vencendo qualquer prurido ético diante do absurdo, ameacei denunciar o caso ao Ministério da Saúde, onde — avancei com um repugnante, mas desesperado, argumento — "conheço a assessora do ministro José Serra".

Só assim foi atendido. Por temer punições ou por um repentino surto de consciência profissional e humanitária, um dos médicos apresentou-se para socorrê-lo.

Não demorou muito e nos avisaram de que ele seria removido para o Hospital Regional de Osasco. Naquela noite, foi internado na UTI, onde permaneceria por quase duas semanas. Só podíamos visitá-lo entre 13h e 14h — o que fazíamos diariamente.

Ele estava lúcido, e nós, ao seu lado, observávamos seus olhos, sempre abertos e tristes. Seu aspecto era chocante. Um farrapo humano. Quase oculto em tubos, sufocado por máscaras e espetado de agulhas, respirava graças a uma traqueostomia. Nossas esperanças se esgarçavam como fumaça no vento. Os médicos já haviam nos alertado. Seus pulmões estavam seriamente comprometidos; os alvéolos tomados pela nicotina. Era um caso irrecuperável. Seu estado se agravava a cada dia.

Respirando de modo artificial e sem visão, tinha ainda o pequeno corpo — mutilado — tomado pelo inchaço, e exsudava líquido por estranhas rachaduras na pele. Parecia uma bexiga prestes a estourar.

Comovia-nos aquele calvário sem fim. Não era mais ele que sofria. O sofrimento éramos nós, eu e minha mãe, em carne viva e osso exposto, transfiguradas em seu corpo. E já não era mais a dor física, tampouco da alma. Era uma não dor. Estávamos anestesiadas, nocauteadas por aquele sofrimento tão desmesurado quanto interminável.

Na última visita que lhe fiz, saí da sala decidida a não voltar mais. Diante daquele quadro tão penoso, tive um pensamento sacrílego: "Não quero mais ver tanto sofrimento." Era 23 de outubro daquele fatídico ano 2000. No dia seguinte, minha mãe foi visitá-lo. Encontrou o mesmo cenário. Na manhã de 25, uma quarta-feira, fui trabalhar. Minha mãe, exausta a ponto de não conseguir sair da cama, não foi vê-lo nesse dia. Eram 17h30 quando recebi uma ligação do hospital. Chamavam a família.

Fiquei gelada, sem voz. Uma sombra toldou meu pensamento. Pressenti que, finalmente, a jornada terminara. O fim previsível, inevitável, que todos esperávamos. Mas que, no fundo, enquanto aberto, deixava-nos a miúda esperança de que jamais chegaria, ou de que talvez o destino traçado demorasse ainda um pouco mais. Na fatalidade, o esperado desfecho, quando se dá, muitas vezes nos transmite a sensação amarga do inesperado, da surpresa e do espanto. Ao mesmo tempo, representa alívio para os que sofriam; libertação para quem padecia.

Telefonei para minha mãe e fui para o hospital. Poupei-a de assistir ao ritual macabro — o ato mais doloroso dessa jornada — de reconhecimento do corpo. Perguntei pela hora em que ocorrera o óbito. A resposta me deixou paralisada. Senti o corpo afundar no chão, meus pés pareciam pesar toneladas, e não conseguia dar um passo. Naquele intervalo em que não fomos vê-lo, no dia exato em que faltamos, precisamente no horário da visita que lhe deveríamos fazer, meu pai expirou. Sozinho. Talvez tenha preferido partir na nossa ausência, para que não presenciássemos sua despedida. Sim, eu sei que é assim que todos morrem, ainda que cercados por uma multidão no instante extremo. A morte é a última solidão, e é sozinho que se morre. Aquilo me machucou, porém. Doeu muito e longamente. E nem me consolou a explicação que o médico daria a seguir, a de que ele não sofreu no derradeiro momento. Com a respiração praticamente bloqueada, a ausência do oxigênio no cérebro leva o paciente a uma letargia que faz cessar a dor.

Seu corpo já fora removido ao necrotério. Estendido sobre a pedra, dentro de um saco plástico, tinha o semblante sereno — o corpo como que solto no éter, finalmente liberto daquelas torturas. Ingressara no mundo das sombras que se deitam na outra margem da existência.

Parecia mergulhado num sono profundo. O corpo enfim conciliado a seus tormentos. Em paz, afinal.

Pedi a minha mãe que me aguardasse em casa. Cumpridas as formalidades legais, com a ajuda, novamente, de meu padrinho Mário Garnero, tive de escolher o caixão, encomendar o enterro, tratar da aquisição da sepultura e acertar os custos com a Santa Casa. Tudo resolvido, acompanhei o carro funerário até a capela do Cemitério da Saudade, em Taboão da Serra, para o penúltimo ato — o velório.

Preferi agir sozinha, tendo em todos os trâmites a companhia de nosso querido Garnero. Quis poupar minha mãe. Em casa, encontrei-a arrasada. Reuni forças e procurei confortá-la. A sala estava impregnada de um silêncio denso, quase palpável. Era o silêncio da morte, que levara meu pai e calara de vez seus gritos e suas imprecações.

O enterro ocorreu no dia seguinte, 26 de outubro, às 16h, na presença apenas de familiares e uns poucos amigos, entre os quais o saxofonista Victor Ferraz, que executou "Summertime", uma das músicas preferidas de meu pai.

Sepultava-se ali o homem que, com seus sonhos e desencantos, e com sua luta para derrotar o sofrimento, escreveria a história, esta história, que me coube transmitir — legado maior de sua tormentosa existência.

Deixou uma saudade imensa; uma falta a ser jamais preenchida. Se não chegou a ser um herói na acepção clássica, foi com heroísmo, coragem e força de vontade que abriu caminhos e conquistou tanto. Teve ao menos um gesto supremo, quando expôs ao mundo as mazelas que o cigarro e o álcool lhe provocaram ao corpo. Para mim, será sempre um herói. Com suas qualidades e limitações, herói na coragem ante a expiação pública; na garra com que transpôs muitos empecilhos. Lutou para chegar aonde chegou. Venceu, perdeu, levantou-se. Tornou a vencer e a perder. Nas perdas, exibiu sua incapacidade de exorcizar os fantasmas do passado. Na longa guerra que travou, não celebrou, entre suas vitórias, a da batalha final.

O mais precioso de tudo o que me deixou foi uma lição de vida, dignidade e respeito pelo ser humano. Deixou-me também a certeza de amizades eternas e amores infinitos, e me mostrou que ainda existem amigos para a vida inteira — como demonstram as seguintes palavras:

Há luzes que refletem na vida amigos e amizades puras e autênticas.

Luzes que não se apagam, mesmo quando as pessoas se afastam pela distância ou pela morte.

Luzes que, como raios laser, penetraram na alma e no corpo de quem aqui ficou buscando consolo da tristeza que a escuridão de seu desaparecimento causou.

Uma das alegrias de minha vida, com a graça de Deus povoada de amigos, foi a de ter encontrado, ainda jovem, um idealista de coração pródigo em desprendimento e sonhos.

José Carlos Gomes, o Zeca Fumaça, foi esta pessoa querida.

Meu companheiro, como jornalista e político, na campanha JK 65, meu compadre quando me convidou para ser padrinho da Luciana, sempre ao lado da Vanda, que tanto o apoiou.

Sofreu depois com a saúde debilitada e a mobilidade afetada limitações físicas que o impediram de mais aproveitar a vida.

O convívio permanente com outros seres humanos, o ver o verde e as risadas francas, leais e amistosas nas rodinhas políticas ou sociais.

O destino nos privou deste grande ser humano, prodigioso coração cheio de bondade e da ambição de servir aos outros e a seu país.

Jornalista, político, nacionalista e idealista, José Carlos merece que todos aqueles com quem conviveu assinem a coautoria deste livro que minha querida afilhada Luciana ora lhe dedica.
A um homem de bem toda a honra, toda a saudade, em sua homenagem.

Mário Garnero

Nem tudo que reluz é ouro

Houve um tempo em que fumar era charmoso e elegante. Os anúncios na televisão exibiam o fumante invariavelmente como um indivíduo vitorioso. A vida era uma festa e o ato, inconsequente. Fumar impunha *status*. E o fumante encarnava o sedutor. Os personagens eram esportistas que dirigiam carros possantes ou pilotavam iates fabulosos, mulheres chiques que portavam cigarros entre os dedos como taças de champanhe, homens empreendedores e felizes envoltos em geométricas emanações de fumaça.

Tudo remetia à alegria de viver. Para a juventude dourada de então, a elegância consistia em ter um cigarro pendurado à boca. Anúncio do Hollywood, das marcas mais populares da época, exibia o figurante com um cigarro entre os dedos, emanando um rolo de fumaça, com os dizeres abaixo do maço: "Uma tradição de bom gosto."

Depois, e bem lentamente, a crescente incidência de doenças fatais relacionadas ao uso do tabaco faria com que muitos países reagissem a um mal que, além de ceifar vidas, consome verbas astronômicas no combate ao vício e na assistência médica. O Brasil não fugiria à regra. No fim do século XX, o Ministério da Saúde entrou nessa guerra e deu partida a uma vigorosa campanha contra esse flagelo.

Apesar das advertências médicas e dos programas educativos, e contra todas as evidências que apontavam o fumo como a causa direta de doenças crônicas e fatais, o cigarro continuava, num primeiro momento, a fazer parte da vida de milhares e milhares de pessoas, que assim prosseguiam na corrida suicida para a morte. Pouco a pouco, porém, esse ambiente se modificou, e os movimentos e as ações governamentais contra o fumo começaram a ter resultado. De súbito, a indústria do tabaco passou a acusar as primeiras quedas na produção. Afinal, o número de fumantes se reduzia.

E o cerco continuou. Em seguida às campanhas educativas, capitaneados pelos EUA, vários países começaram a aplicar armas mais duras para combater o consumo de cigarros. Primeiro, restringindo as áreas em que era permitido fumar e delimitando espaços para fumantes. Depois, estendendo essa proibição a qualquer área pública, inclusive nos locais de trabalho.

Com base no direito à liberdade individual, adeptos do tabagismo reagiram e foram à Justiça — malsucedidos na maior parte das disputas — pelo direito a livre escolha. Fuma quem quer, quem gosta — argumentam. Uma propaganda enganosa. Como enganoso é o argumento de que a indústria tabagista seja fonte de geração de emprego e renda para milhões de pessoas em todo o mundo. Não deixa de ser verdade. Verdade, porém, diminuída por outra maior, definitiva: a de que são devastadores e irreversíveis os efeitos do tabaco na saúde humana.

Associado ao vício do álcool, como no caso de meu pai, o resultado pode ser — e normalmente é — fatal. Associado ao vício do álcool, como no caso de meu pai, é — sempre — arrasador. Hoje, a realidade é outra. O cigarro continua a fazer vítimas mundo afora. Contudo, em números progressivamente menores. No Brasil, os reflexos são visíveis.

Meu pai foi a primeira vítima a participar — publicamente — desse movimento de regeneração. Expôs-se em carne viva à opinião pública, expiando, diante de milhões de espectadores, o desastre que o cigarro provocou em seu corpo. Parou quando já era tarde.

Amputada a primeira perna, temeu perder a segunda. Não parou e a perdeu. Quando teve os AVCs que paralisaram seguidamente o braço direito e lhe tiraram afinal a visão, temeu pela amputação dos dois braços. Aí, parou. Perderia ainda, entretanto, o movimento do braço esquerdo. Descobriu que, no fim do túnel, não havia a luz que tanto procurava; somente a verdade tardia de que a vida não é uma festa permanente. Só então percebeu o quanto fora enganoso o tempo em que achava charmoso fumar. Entretanto, já não havia mais volta. Não havia tempo para passar a limpo o rascunho da vida.

José Carlos Gomes, meu pai, o colunista celebrado do *Correio da Manhã*, não está mais entre nós. A dura provação por que passou mostrou de modo trágico que o corpo humano tem limites — e que é preciso respeitá-los. Não importa se jovem e saudável, tampouco se num ambiente elegante, sedutor e glamoroso. O preço é o mesmo. O abuso e o desperdício cobram alto demais, cedo ou tarde, a quem não resiste às tentações do objeto de sua destruição.

As vítimas se esquecem de que o dom mais precioso da vida é a saúde.

Apêndice

Um vascaíno

Cresci ouvindo meu pai falar do Vasco da Gama, seu time do coração, do qual era torcedor apaixonado. Falava com brilho nos olhos, lembrando os jogos, os nomes dos jogadores, inclusive daquele que se tornaria seu amigo, ídolo maior do clube e seu futuro presidente, Roberto Dinamite. Para onde nos mudássemos, carregava o escudo do Vasco, destinado a encimar a cabeceira de sua cama. Sabia de cor e salteado escalações do time. Quantas vezes, ainda criança, cantava para mim o estribilho do hino oficial: "No atletismo és um braço/ No remo és imortal/ No futebol és o traço de união Brasil-Portugal."

Em dia de jogo, sempre que podia, ia ao Maracanã, a São Januário ou aonde o time fosse. Como relíquia, guardava a bandeira, que o acompanhava nas comemorações. Quando não podia estar presente, acompanhava tudo pela televisão. Vitória do Vasco era prenúncio de "muita sorte". Ao contrário, derrotado, o desastre.

Depois de sua morte, tive curiosidade de visitar o clube. Era uma homenagem que queria fazer ao meu pai e uma oportunidade também de conhecer aquele mundo que tanto o encantou. Em agosto de 2011, finalmente, realizei meu sonho. Estive, em São Januário, onde fui recebida com carinho e levada a conhecer as dependências do clube. Cada setor percorrido me enchia de emoção. Experimentava certa nostalgia; aproximava-me de algo do passado — algo de que crescera ouvindo meu pai falar, algo que não conhecia e que, ali, revelava-se para mim.

Fui apresentada, depois, a Roberto Dinamite. Ele se lembrava, sim, de meu pai; claro, o jornalista que trabalhava num dos maiores jornais do país. Conversamos por longo tempo. Roberto me falou do "homem amável e de papo agradável" com quem continuou a falar, por telefone, mesmo quando se mudou para São Paulo. "Naquele momento", comentou, "eu passava por uma situação difícil. Minha mulher estava muito doente, e o José Carlos me confortava com sua palavra amiga. Sentia-me revigorado ao saber que havia, ainda que bem longe, um amigo que se preocupava com meu problema".

Foi um dia para ficar na minha memória.

Revisitando a coluna "Teen Age"

Não me lembro da primeira vez em que a escutei. Mas, desde criança, essa expressão inglesa soava em meus ouvidos. Um dia, mais adiante, aprendi seu significado e, depois de ouvir meu pai contar suas proezas no *Correio da Manhã*, entendi o que a coluna "Teen Age" representava. Ele perdia a noção do tempo falando das pessoas importantes que frequentavam suas páginas. Das jovens que conheceu, das festas que frequentou ou promoveu no mundo dourado do *society* carioca, das viagens inesquecíveis. Depois que morreu, senti falta daquelas histórias — aquelas mesmas que, de tanto repeti-las, cansavam-me. Agora, tinha saudades. E seus personagens, seu dia a dia no jornal, o espírito permanente daquela coluna — tudo isso me despertou uma inquieta curiosidade.

Senti a necessidade de recuperar aquele momento mágico na vida de meu pai — e ainda que só para mim, não importava. Queria desbravar um tempo remoto — que era, também, um estilo de vida — e assim tentar ressuscitar o eco de suas palavras no quarto agora mergulhado em silêncio. Decidi ir a campo.

Passei, então, alguns dias no Rio de Janeiro. Pretendia cumprir um pequeno roteiro e repassar lugares que meu pai frequentou, a rua e a casa em que morou (se ainda existisse), e desejava ver, nas páginas do *Correio da Manhã*, aquelas figuras de que tanto falava. Minha pesquisa começou pela Biblioteca Nacional. Por uma política de preservação patrimonial, a instituição, em certos casos, só permite consulta a microfilmes. Isto porque as coleções mais antigas, envelhecidas, têm páginas bastante frágeis, cujo manuseio pode danificá-las irremediavelmente. Era o caso do *Correio da Manhã*. Constatei, pela ação do tempo, que os microfilmes de alguns exemplares tinham a impressão apagada — o que dificultava, às vezes impossibilitava, a leitura.

Foi emocionante, apesar de alguma dificuldade, correr os rolos de microfilme na máquina leitora e ver desfilar as páginas de "Teen Age"; mergulhar naquele mundo sorridente composto de mulheres deslumbrantes e homens elegantes, gente de bem com a vida, em pleno viço da idade e no auge da fama, universo em que as garotas eram chamadas de "broto", e a juventude, de "jovem guarda", e então encontrar o nome de meu pai inscrito lá no alto. Senti a badalação dos anos dourados e experimentei um pouco da memória de todos aqueles que ali estavam citados e que faziam parte das melhores lembranças de meu pai.

Da linguagem e do estilo da época, encantei-me com a ingenuidade e as futilidades inocentes próprias da juventude bem-posta na vida, transmitidas nas notas descompromissadas de qualquer sentido que não fosse a alegria. Apesar de todos os lugares-comuns, que as décadas realçaram, trazia ao presente um instante daquele passado, que era o do meu pai, de que foi ao mesmo tempo personagem e agente.

Em seguida, ainda no Rio, quis conhecer *in loco* os lugares que frequentou. A começar pelo prédio do *Correio da Manhã*, na avenida Gomes Freire, 471, no centro da cidade. A fachada sofrera pequena reforma, que não descaracterizaria, porém, seu traço original. E o mais importante: o novo ocupante, o Tribunal Regional do Trabalho da 1ª Região, preservaria, no topo do edifício, a inscrição em baixo relevo — *Correio da Manhã*. Ali eu estava, com um aperto no coração, diante da casa que meu pai tanto amou e onde passou o período mais produtivo e feliz de sua carreira de jornalista. Tirei fotos do prédio, em vários ângulos, e retornei ao táxi, que me levaria a Copacabana.

Passei pela rua Duvivier e vi o antigo Beco das Garrafas. Fui depois até a Tijuca, na Zona Norte, e, na rua Conde de Bonfim, estive defronte ao local em que fora sua casa, hoje ocupado por modernos edifícios residenciais.

De volta a São Paulo, como resultado de minhas pesquisas, descobri que o Arquivo Público do Estado também possuía uma coleção impressa original do *Correio da Manhã*. Esse precioso acervo fora arrematado — num leilão do espólio do jornal — pelo empresário Fernando Gasparian, já falecido, que o doou à Universidade de

Campinas; esta, por sua vez, cedeu-o para o Arquivo Público de São Paulo. Isto me alegrou muito. Poderia completar ali minhas consultas.

Soube depois que existe outra coleção impressa na Fundação Casa de Rui Barbosa, no Rio de Janeiro. O acervo iconográfico e fotográfico do jornal, constituído de cerca de 400 mil peças, encontra-se sob a guarda do Arquivo Nacional, também no Rio.

O Arquivo Público de São Paulo fica na Zona Norte. Morando na Zona Sul, dele me separava a Marginal do Tietê, um pesadelo de quilômetros de lentidão e congestionamento que o paulistano enfrenta todo dia. Como na Biblioteca do Rio, não é permitido o uso de caneta, apenas lápis e papel. Não havia restrições a máquinas fotográficas, de modo que entrei com a minha. Pedi o primeiro número de 1962.

Pensando em recriar um pouco daquele momento mágico que meu pai vivera, resolvi percorrer um pedaço dessa trajetória, tão bem espelhada nas páginas de sua coluna, que aqui, em longas passadas e entre os personagens que perenizou, transcreverei.

Surpreendi-me — registre-se — com o estado de conservação da coleção do Arquivo Público. As páginas que traziam "Teen Age", sempre bem ilustradas, pareciam, de tão vivas, saltar do papel. Li as primeiras colunas com a sofreguidão de uma "leitora assídua", e, com um rasgo de nostalgia, deliciei-me com as notícias, satisfiz curiosidades sobre personalidades de que ouvira meu pai falar e descobri personagens misteriosos, como um certo "Léo 90", cuja identidade não consegui decifrar. Uma figura possivelmente fictícia, criada para despertar suspense e curiosidade. Ou quem sabe um tipo real, posto sob disfarce talvez para provocar um dos mais badalados nomes do pedaço, o jovem Léo Affonseca?

Durante dias seguidos, colhi registros de sua presença em variados lugares e situações, num tom ingênuo e livre, que bem cabia no espírito da coluna e do segmento da sociedade a que se dirigia:

— "O muito conhecido Léo 90 já começou a circular nos lugares elegantes da Cidade Maravilhosa."

— "Atenção, brotos, o muito conhecido Léo 90 dirá presente hoje na Avenida Teen Age."

— "Léo 90, elegante e simpático, foi muito solicitado pelos brotos neste fim de semana em Petrópolis."

— "O Léo 90 está de acordo com essa coluna: todos os brotos passarão a usar no próximo inverno cabelos longos caídos sobre a face."

— "Léo 90 informa que tem visto sempre a senhorita Yvone Linhares agradando pelas ruas da cidade com um Volkswagen último tipo."

E assim foi. Por dias seguidos, manteve-se em suspense a verdadeira identidade de Léo 90.

Em nota final — ao que tudo indica, a chave do enigma, revelado aos leitores com sinal trocado, para despistar —, escrevia: "Começaram a surgir os primeiros curiosos querendo saber quem é o Léo 90. Posso informar com absoluta segurança que não é o jovem Léo Affonseca."

Tudo aponta para um despistamento. Léo 90 seria realmente o Affonseca — versão que Jomar Pereira da Silva confirma.

Encontrei esta pérola — com um título em destaque — no meio daquela catadupa de notas: "Piscina interditada do Iate Clube do Rio de Janeiro. Poucos presentes." A seguir, a nota: "Ela entrou displicente, com postura e ares de quem paira acima de tudo e de todos. Biquíni amarelo bem 'biquinho', pondo à mostra formas físicas derrapantes. Altura mediana, cabelos castanhos e olhos perdidos em paisagens ignotas. Almoçou na hora certa (levou na bolsa), leu um livro, tomou banho de sol, deu alguns telefonemas, ouviu novela na Rádio Nacional (trazia um rádio portátil). Na hora de retirar-se não se esqueceu de pagar uma água mineral que tomou. Um sucesso na piscina interditada do Iate Clube."

Eram notas e mais notas de festas, bailes, casamentos, aniversários, acontecimentos sociais — o mundo da jovem guarda captado, diariamente, nas colunas de "Teen Age".

Três viagens à Europa cobertas. Em 1961, 62 e 63. Destaque para a segunda: "Excursão Teen Age — partida a 30 de junho, pelo Jet DC-8 da Panair. Países que serão percorridos: Itália, Suíça, Alemanha, França, Principado de Mônaco, Espanha e Portugal. Data de regresso, 9 de agosto."

Na Europa, comentava o colunista, cada excursionista encontra o que procura. Museus e bares, mares e montanhas, vida noturna, história e estória, monumentos famosos etc. Poderíamos até classificar o temperamento de cada participante da excursão Teen Age pelos motivos que o faziam viajar: "Dois ou três lugares-comuns (embora todos respeitáveis) se encontram entre os motivos que levam os brasileiros a excursionar à Europa: conhecer Paris, passear pela Via Veneto (sobretudo depois dos filmes italianos), tentar uma audienciazinha com o Papa ou ver uma corrida de touros na Espanha. Tudo isso está certo. Bem sei. Mas quem deseja, com a mesma intensidade, conhecer a Suíça? Não a Suíça das coisas minuciosas e exatas, dos horários precisos, mas uma outra, alpina, meio lacustre, com cidades de nomes com som de água — Lucerna, por exemplo —, que já é, por si mesma, todo um convite para viajar?"

A excursão partiu no dia 29 de junho de 1962, às 21h, do aeroporto do Galeão, com destino a Lisboa, sem escalas. Voar pela Panair, nos anos dourados, era o máximo. "Panair para qualquer lugar do mundo.

Comece bem sua viagem. Magnífico DC-8 Panair" — estampava um anúncio no *Correio da Manhã*. Como o jornal, aliás, a empresa aérea — símbolo do Brasil no exterior, considerada mais eficiente que uma embaixada — morreria de inanição. No caso da publicação, sob o garrote econômico que a ditadura impôs. No da Panair, largada à própria sorte, à míngua do socorro que o mesmo regime lhe negou.

A viagem foi um sucesso. Durante dias, a coluna repercutiu as manifestações dos participantes. Numa delas, encontrei uma referência ao grande amor de meu pai na juventude: "De Veneza, Marina Zancope me informa que o carnaval esse ano andou fraquíssimo. Isso é de se estranhar, pois, como todos devem saber, o carnaval de Veneza é um dos mais famosos de toda a Europa." Lembrei-me então do romance que mantiveram, dos empecilhos que os separaram, sem que, por muito tempo, deixassem de se corresponder por telefone ou carta.

Refletindo sobre esse amor impossível, não sei se ele realmente foi feliz ao lado de sua condessa pintora ou se as barreiras que os separaram é que acirraram o sentimento que nutria. Afinal, entre ela e o *Correio da Manhã*, preferiu o jornal. Só sei dizer, hoje, que Marina Zancope existiu — e que foi a grande paixão de sua vida.

Meu pai também colaborou para a revista *Fatos & Fotos*, uma das mais populares da época, especialmente por suas coberturas de carnaval. "O titular da coluna 'Teen Age' recebe convite para colaborar na revista *Fatos & Fotos* com entrevistas dos melhores brotos da nossa sociedade" — noticiou.

Tanto quanto hoje, excetuados os recursos tecnológicos e as grandiosas produções decorrentes, o carnaval do Rio era a festa mais importante da cidade. Certo que com mais glamour, mais simples e espontâneo, com escolas de sambas sem tanta pompa, e bailes e festas badaladíssimos. No carnaval de 1962, em fevereiro, a coluna "Teen Age" registrava: "O baile do Copa melhorou cem por cento. O do Quitandinha não agradou. O do Iate Clube foi notável. Foi um fracasso o carnaval de Veneza este ano." Petrópolis merecia sempre destaque: "Aconteceram várias festas, mas as que mais se destacaram foram as das senhoritas Marcia Teresa e Maria Lucia Drummond. E a do jovem casal José Colagrossi Filho, na terça-feira."

Convidado por senhoras da sociedade carioca, meu pai organizou até uma festa de 15 anos, da qual participaram as jovens Maria Thereza Drummond, Sheila Tamm Villela, Ana Lúcia Madureira de Pinho, Celina Moreira da Rocha, Mariza Dowell Martins, Vera Lúcia Tibiriçá, Ana Cecília Negreiros, Regina Lúcia Bittencourt Sampaio e a princesa de Orleans e Bragança. O evento ocorreu no Iate Clube do Rio de Janeiro e foi um sucesso. Os vestidos, aliás, foram criados e confeccionados pelo estilista Denner, seu antigo amigo de colégio.

Na Copa do Mundo de 1962, realizada no Chile, em que o Brasil se sagrou bicampeão, a coluna "Teen Age" registrou: "No Iate Clube, como antecipei na coluna de domingo, o carnaval foi completo. E isto aconteceu quando Vavá assinalou o terceiro gol da nossa seleção. Bandeiras e mais bandeiras vibraram nas mãos dos presentes. O rapaz mais animado sem dúvida alguma era o Luiz Carlos (Lulu) Peixoto, que não parou um só minuto. Estas comemorações estavam sendo feitas na sede. Depois, foram transferidas para a piscina, onde o diretor social Carlinhos de Brito fez realizar uma animada reunião na base da música de carnaval. Como não podia deixar de acontecer, o twist também esteve presente." E a nota terminava em tom triunfante: "Meus amigos, não poderia haver melhor presente de aniversário, que acabo de ganhar. O Brasil, através de sua magnífica Seleção de Ouro, é bicampeão do mundo."

Outro amigo de infância, Osmar Meggiolaro, o único a quem confidenciava seus problemas, partia para uma nova experiência empresarial — e a coluna registrou: "Osmar Meggiolaro conta que já estão sendo dados os últimos retoques para a inauguração de sua sorveteria tipo Bob's, que ficará situada na esquina da Prado Júnior com a Avenida Atlântica."

E do outro amigo de todas as horas: "Os jovens Jomar Pereira da Silva e Gustavo de Faria estão preparando para o próximo dia 28/06/1962, em um barzinho em Copacabana, uma movimentada festa para a jovem guarda, com um show que promete ser dos melhores." Jomar me informou que a festa foi realizada com grande sucesso no bar Crepúsculo, em Copacabana. Ele ainda organizaria o grupo de jovens que participou do filme *Bossa Nova*, rodado no Iate Clube e produzido por uma nova empresa cinematográfica, de propriedade dos irmãos Loius e Paulo Serrano. "Foi tudo muito divertido — conta-me Jomar —, mas o filme não foi o sucesso esperado. Valeu pelos momentos inesquecíveis, pelas lembranças que deixou, aquelas cenas da juventude promovida pelo meu amigo José Carlos, dançando bossa nova à beira da piscina do Iate."

Tive oportunidade de conhecer vários personagens de "Teen Age". Um deles, Clóvis Correa de Souza Filho, era um dos mais citados, e nem sempre em situações convencionais. Uma das notas, por exemplo, parabenizava-o por ter sido um dos primeiros colocados no vestibular da Faculdade de Ciências Econômicas. "Segundo fui informado, ele vai receber de presente um Volkswagen último tipo" — noticiava a coluna. Em outra, comentava as particularidades do motor do carro do amigo: "Além de todo cromado, funciona com quase o dobro de potência, pois está com dois carburadores." Num dos lugares da moda, o Jirau, então considerado o maior ponto de encontro da jovem guarda carioca, a presença do amigo era registrada: "Sexta-feira última anotei por lá a presença de Clóvis Correia de Souza Filho, esnobando como nunca, numa 'tuistada' perfeita."

Em conversa recente, Clóvis falou sobre meu pai. "Ele era sempre muito bem informado e tinha bons amigos. Me sinto feliz por ter sido um deles. Jornalista escrupuloso, só publicava notícias verdadeiras, nunca fazia fofocas, era respeitado por todos. Falar disso me lembra os anos dourados da juventude que passamos juntos."

Sobre outro amigo, Francisco Laudísio Nepomuceno, o Lalau, com quem meu pai saía frequentemente pela noite do Rio, escreveu, na coluna: "Já ouvi vários comentários de muitas jovens bonitas sobre a bela camisa italiana com que o muito conhecido Francisco Laudísio (Lalau) Nepomuceno vem circulando ultimamente."

Lalau me deu comovente depoimento: "José Carlos e eu nos encontrávamos quase todas as noites para beber e sair pela noite carioca. Éramos muito festeiros, e ele só pensava na mulherada. Se eu tivesse de falar alguma coisa sobre o José Carlos, diria apenas que gostava muito dele, e que o considerava um companheiro para todas as horas." Lalau, um dos presentes ao frustrado baile do Hotel Quitandinha, promovido por meu pai, evocou o tão desconcertante quanto hilariante incidente em que teve de ser retirado do recinto, de copo de uísque na mão, após as coisas desconexas que passou a imprecar contra os convidados. "Mas, no Quitandinha daquela época, o silêncio era de ouro. Seus amigos encararam o vexame com humor. Não se tocava no assunto com malícia. Aliás, ainda hoje, tudo lá no Quitandinha é de ouro, a começar pelos preços. O prédio fantasma, grande, vazio e maltratado, continua a ser decepcionante" — concluiu.

Continuei minha andança pelas páginas do jornal. Entre as tantas histórias de meu pai, uma das mais recorrentes era sobre Frank Sinatra. E não só contava; também cantarolava muitas de suas canções. "Frank Sinatra aderiu ao twist. O famoso cantor gravou para a conhecida companhia de gravação Reprise, de sua propriedade, o número 'Every Body's Twistin', cuja letra nosso companheiro Rossini Pinto divulgará em sua coluna Esquina Sonora, ainda nesta semana." E mais: "Quem quiser ouvir o famoso Frank Sinatra cantar a sua primeira gravação de twist chamada 'Every Body's Twistin' é só dar um pulinho no já conhecido Blue Angel."

O Blue Angel, que ficava na rua Júlio de Castilhos, em Copacabana, era um dos redutos da bossa nova. Não chegava a rivalizar com o Beco das Garrafas, mas reunia personagens tão importantes quanto Vinicius de Moraes, João Gilberto, Tom Jobim, Nara Leão e companhia.

A compra da boate Au Bon Gourmet, localizada no Lido, em Copacabana, uma das mais famosas da época, pelo empresário Flávio Ramos, mereceu uma nota que, além do conteúdo em si, trazia uma informação que deve ter deixado de orelha em pé os apreciadores de uísque da época: "Em conversa com o colunista, o dinâmico Flávio Ramos contou três coisas interessantes: a) que a boate em questão ficará fechada por um mês para reformas; b) uma vez reaberta, funcionará com três orquestras; c) no próximo sábado (antes das obras, portanto), realizará uma noitada — a festa do Machadinho — para reunir os amigos da vida noturna carioca. Parece que os preços não vão ser elevados, 350 cruzeiros a dose de uísque. Mas isso é outra história."

Entre os muitos episódios hilariantes que marcaram a trajetória de "Teen Age", um dos mais curiosos é o que versa sobre o dia em que a coluna foi confundida com um consultório sentimental: "Teen Age recebeu hoje uma carta um pouco estranha: é remetida da Suíça e assinada pelo senhor René J. Peter, que nos pergunta, nada mais nada menos, se não lhe seria possível conhecer, através desta coluna, 'uma linda morena da sociedade carioca para fins matrimoniais'. Se alguma jovem estiver interessada, aqui vão os dados biográficos: J. Peter é filho de industrial, tem 36 anos, 1,80m de altura, magro, ruivo e... sério. Não sabemos se os dados correspondem à realidade, se assim for, poderoso argumento confirma a seriedade do senhor J. Peter."

A coluna promovia um concurso para a escolha do Broto do Ano. Em 1962, as cinco finalistas foram Tanit Galdeano, Patrícia Britto Cunha, Maria Magdala

Stoltenberg, Monique Duvernois e Márcia Kubitschek. "Pessoas me telefonam diariamente, informando que as cinco jovens indicadas por esta coluna como finalistas para o Broto do Ano não conseguem dormir. Aguardam ansiosas esse grande dia."

Mas o colunista não se esquivava de tomar partido: "A favorita para Broto do Ano é a jovem Tanit Galdeano." Favoritismo que se confirmaria com o resultado.

O ano de 1963 foi — como já comentado anteriormente — fatídico. Para o *Correio da Manhã* e para meu pai. Vítima de um câncer no pulmão, Paulo Bittencourt, o proprietário do jornal, faleceria, em Estocolmo. Em consequência das mudanças daí decorrentes, o redator-chefe, Luiz Alberto Bahia, seria demitido, e a coluna "Teen Age", extinta.

Termino aqui essa viagem sentimental pelas páginas do jornal que meu pai, José Carlos, tanto amou, e especificamente pela coluna deu vida, eternizando personagens e histórias de uma época dourada sem igual. São páginas e mais páginas — anos, muitos anos de emoções represadas no passado — que de repente saltam ao presente, povoando a imaginação de quem, como eu, não conheceu, senão imaginando-o, esse tempo glamouroso. Termino no início da caminhada. Nas sendas não percorridas, histórias e personagens infinitos jazem na paz das coleções das bibliotecas.

Agradecimentos

À minha mãe, Vanderci, a pessoa mais importante do mundo para mim. Uma mulher de garra excepcional. Ajudou-me a reconstruir a história de meu pai, compartilhando as alegrias e as tristezas de seu convívio com ele. Amo você.

À Maria de Lourdes Gomes, minha avó amada, de quem só tenho boas recordações e muita saudade.

Ao meu padrinho Mário Garnero, por tudo o que fez por meu pai em vida, pela imensa ajuda que lhe prestou em todos os momentos, especialmente na fase mais aguda de seu sofrimento.

Ao querido e amigo Fuad Atala, pela grande parceria.

Ao querido amigo Jomar Pereira da Silva, pelo incentivo que me deu quando lhe revelei, em 2001, a intenção de escrever este livro, para o qual prestou um carinhoso depoimento.

Ao meu querido Zizinho Papa (José Papa Jr.), que tanto me ajudou em minhas viagens ao Rio de Janeiro, apoiando-me desde o primeiro momento em que lhe falei sobre o projeto do livro.

Ao jornalista Ruy Castro, pelo carinho com que me recebeu e pela paciência em me relatar a história do jornal onde meu pai trabalhou e onde foi, ele também, brilhante profissional.

À Fernanda Colagrossi, que me encheu de felicidade ao mostrar como meu pai era querido e conhecido no Rio de Janeiro.

Ao Clóvis Correia, pelas palavras de carinho e incentivo.

Ao Francisco Laudísio (Lalau) Nepomuceno, com quem conversei em seu cartório no Rio de Janeiro, e que me recebeu com tanto carinho.

À minha madrinha Ana Maria Monteiro de Carvalho, a quem meu pai tanto amava.

Ao Fernando Garnero, que tanto fez por meu pai e que também nos amparou nos momentos mais difíceis.

Ao Roberto Dinamite, que me recebeu na sede do Vasco da Gama, onde pude percorrer as dependências do clube, especialmente a sala dos troféus do time — a paixão do meu pai.

Ao extinto *Correio da Manhã*, minha homenagem, por abrigar as novecentas colunas sociais que meu pai assinou em sua curta passagem pelo jornal.

Ao meu tio Fernando Rangel, um homem adorável, que mora em meu coração e que, mesmo separado de meu pai desde a infância, só vindo a conhecê-lo na fase adulta, sempre o amou.

A Augusto Frederico Schmidt, *in memoriam*, pelo apoio e confiança que depositou em meu pai, proporcionando-lhe o primeiro emprego; e, depois, por suas ligações com o Dr. Paulo Bittencourt, proprietário do *Correio da Manhã*, recomendando-o para um estágio na seção de fotografia do jornal.

A Luiz Alberto Bahia, *in memoriam*, redator-chefe do jornal, que orientou e apoiou meu pai em seus primeiros trabalhos.

A todos os "brotos" da juventude dourada e às personalidades que, diariamente, enchiam de charme e glamour a coluna "Teen Age": Ana Maria de Castro, Juçara Monteiro de Castro, Márcia Tolipan Soares Brandão, Ângela Frazão Braga, Regina Glauca Lemos, Djane Bouças, Paula Drummond Poyares, Maria Helena de Sá Leitão, Maria Magdala Stoltenberg, Skati Chaves, Maria Cristina Leite de Castro, José Carlos Barroso, Ana Maria Bandel, Yola Lisboa, Celina Vargas do Amaral Peixoto,

Ana Maria de Castro, Maria Isolina Pedrosa, Maria Alice Paiva, Regina Salles da Fonseca, Maria Helena Serra, Ana Beatriz Ramagem, Ana Maria Pinto da Silva, Vera Maria Velho Tito, Maria Tereza Drummond, Maria da Glória Mello Franco Chagas, Silvia Amélia Mello Franco Chagas, Maria Del Pillar Domenech, Maria José Raggio, Ida Regina Souza, Elizabeth Barros Barreto, Elizabeth Lebelson, Mônica Silveira, Ana Maria Braga e Roberto Vasconcelos, Maria Stela Kubitschek, Solange Correia, Tânia Therezinha Cardoso, Simone Buffara, Maria Amélia Brant de Carvalho, Ana Maria de Moraes Barros, Lúcia Helena Corradini, Fernanda Colagrossi, Astrid Monteiro de Carvalho, Sacha Distel, Fernando Augusto de Carvalho, Maria Engênia Lee, Túlio Maranhão, Marina Kroegg, Sandra Maria Ludwig, Rosamélia Correia de Araújo, Olga Martins Lage, Regina Jorge, Glória Duék, Maria Cristina de Moura Lopes, Regina Lúcia Bittencourt Sampaio, Maria Tereza Martins Guinle, Carmen Aurélia Martins Lage, Maria Josefina Fantoni, Maria Lúcia Maciel, Suany Fracalanza, Evany Fanzeres, Wanelly Walesca dos Santos Bello, Isabel de Orleans e Bragança, Patrícia Brito Cunha, Tanit Galdeano, Liliane Lacerda de Menezes, Maria Soares de Moura, Maria Cristina Rocha Lisboa, Marina Cristina Rocha Lisboa, Marina Chagas, Cecília Milanez, Monica de Barros Maciel, Bárbara Sparvoli, Maria Luiza Frias, Maria Cecília Gualberto, Isabel Barroso do Amaral, Suely Capouto, Gisela Amaral e tantas outras personalidades que não caberiam aqui.

Finalmente, porém com igual carinho, a todos os meus amigos, próximos ou distantes, que tanto me ajudaram, prestando-me o apoio para que este livro se tornasse realidade.

Este livro foi composto na tipologia Warnock
Pro Light, em corpo 11,5/16,5 e impresso
em papel off-white no Sistema Cameron da
Divisão Gráfica da Distribuidora Record.